O PODER DO EQUITY

Caro(a) leitor(a),
Queremos saber sua opinião sobre nossos livros.
Após a leitura, siga-nos no linkedin.com/company/editora-gente,
no TikTok @editoragente e no Instagram @editoragente,
e visite-nos no site www.editoragente.com.br.
Cadastre-se e contribua com sugestões, críticas ou elogios.

JOÃO KEPLER

O PODER DO EQUITY

COMO MULTIPLICAR PATRIMÔNIO, INVESTIR EM NEGÓCIOS INOVADORES E ESCALÁVEIS E JOGAR O VERDADEIRO JOGO DO EQUITY

Gente
editora

Diretora
Rosely Boschini
Diretora Editorial
Joyce Moysés
Editora
Carolina Forin
Assistente Editorial
Rafaella Carrilho
Mariá Moritz Tomazoni
Produção Gráfica
Leandro Kulaif
Preparação
Laura Folgueira
Capa
Rafael Nicolaevsky
Adaptação de capa
Plinio Ricca
Imagem de capa
João Menna
Projeto Gráfico
Gisele Baptista de Oliveira
Diagramação
Gisele Baptista de Oliveira
Plinio Ricca
Revisão
Renato Ritto
Elisa Casotti
Débora Spanamberg Wink
Impressão
Edições Loyola

R. Dep. Lacerda Franco, 300 – Pinheiros
São Paulo, SP – CEP 05418-000
Telefone: (11) 3670-2500
Site: www.editoragente.com.br
E-mail: gente@editoragente.com.br

Dados Internacionais de Catalogação na Publicação (CIP)
Angélica Ilacqua CRB-8/7057

Kepler, João
O poder do equity : como investir em negócios inovadores e escaláveis e jogar o verdadeiro jogo do equity / João Kepler. -- São Paulo : Editora Gente, 2025.
208 p.

ISBN 978-65-5544-674-6

1. Negócios 2. Investimentos de capital 3. Empresas novas - Investimentos I. Título

25-4381 CDD 332.6

Índices para catálogo sistemático:
1. Investimentos de capital

nota da publisher

Desde que João Kepler e eu começamos a trabalhar juntos, reconheci nele não apenas um grande investidor, mas um educador de empreendedores. Em 2021, quando lançamos a primeira edição de *O poder do equity*, eu já sabia que ele se tornaria uma obra de referência para o ecossistema empreendedor brasileiro. Hoje, este livro segue sendo absolutamente necessário, pois uma das grandes dores dos empresários é a dificuldade em compreender como se constrói valor real e duradouro em um mundo cada vez mais digital, veloz e incerto.

Muitas empresas ainda insistem em medir sua força apenas pelos relatórios de caixa, lucro e estrutura. Só que, na nova economia, vemos que o que faz um negócio se destacar não está necessariamente nos números da empresa, mas, sim, na força da marca, na influência que exerce, na reputação que possui e na visão estratégica de longo prazo. Este livro se revela fundamental ao mostrar que o equity, mais do que participação societária, é, na verdade, uma filosofia estratégica. Aqui, João Kepler entrega ao leitor as chaves para entender e aplicar essa nova lógica de crescimento, seja qual for o porte da sua empresa, e faz isso de uma maneira generosa, escrevendo com o propósito de auxiliar genuinamente quem lê esta obra e de transformar profundamente o panorama das empresas brasileiras.

O cenário global mudou muito desde o lançamento da primeira edição, e Kepler, atento a essas movimentações em seu trabalho como mentor, investidor-anjo e CVO de uma das venture capitals mais ativas da América Latina, voltou a este livro para atualizá-lo. Esse lançamento em 2025 chega em um momento muito simbólico, e abarca não apenas as mudanças externas, mas também uma visão ainda mais amadurecida desse grande autor sobre o papel do equity nos negócios: o equity hoje é a nova moeda da liberdade, da inovação e da construção de legado.

Esta nova edição traz, também, a contribuição sensível de Theo Braga, que escreveu um pósfácio exclusivo e tem feito um trabalho brilhante como empreendedor no mercado de educação. Temos a certeza de que este livro, agora, também inspirará as próximas gerações.

Por isso, convido você a mergulhar nessas páginas que transformarão a maneira como você enxerga valor, crescimento e impacto. *O poder do equity* é um convite à construção de uma nova mentalidade empreendedora, mais conectada com o futuro e mais comprometida com a transformação no presente.

Rosely Boschini – CEO e publisher da Editora Gente

Dedico este livro a todas as pessoas que se relacionaram comigo no ecossistema de startups nesses últimos quinze anos.

Dedico-o também aos investidores de startups brasileiras que investem seu smart money para apoiar o empreendedorismo digital e ajudar o desenvolvimento econômico do país.

Dedico-o aos empresários que decidiram embarcar na nova economia, que subiram o nível de consciência empresarial e desenvolveram negócios escaláveis e de impacto.

A todos que fazem parte do time Bossa Invest, que hoje é a mais ativa venture capital da América Latina, conquista que se mantém ano após ano, sem perder a essência de investir nos pequenos negócios brasileiros.

A todos que fazem parte do time Equity Group, uma holding de investimentos, que acreditaram que seria possível desenvolver um modelo diferente e alternativo ao modelo tradicional de private equity.

A meu filho Theo Braga, que criou a SME - The New Education, academia voltada para a nova economia e que, em formato boutique, desenvolve treinamentos específicos e práticos para empresários e investidores, dando origem e base a este livro.

A meu filho Davi Braga, que é empreendedor, protagonista, especialista no desenvolvimento mental de empresários e uma inspiração empreendedora.

A minha filha Maria Braga, uma jovem que investe no próprio desenvolvimento e nas próprias habilidades para desbloquear o seu superpotencial.

A minha esposa, Cristiana Braga, com quem sou casado há 32 anos, o amor da minha vida e meu alicerce em todos os momentos, responsável pela educação, harmonia e segurança familiar.

E, claro, a Jesus Cristo, pelos ensinamentos, princípios e valores, por me dar visão e me guiar pelos melhores caminhos, tornando-me uma pessoa do Coração Ensinável.

nota do autor para a nova edição

O poder do equity: a moeda invisível da nova economia

O que acontece em quatro anos? Considerando a velocidade das transformações comuns à contemporaneidade, dezenas, talvez centenas de mudanças significativas na sociedade e no mercado podem ser lembradas. Isso porque continuamos a produzir e a consumir cada vez mais. E, com o nível de conexões amplificado e a proliferação de vozes, a pluralidade de ideias e serviços tem alcançado patamares inimagináveis.

Quatro anos é também o tempo que separa a primeira edição deste livro da nova versão que está em suas mãos. O que mudou nesse período? Arrisco dizer que não apenas a sociedade passou por profundas mudanças e períodos que exigiram (e continuam exigindo) atenção e reflexão, mas principalmente este autor tem experimentado viver o que intitulo como Coração Ensinável. Sem se abrir para o novo, se adaptar às transformações e estimular o aprendizado constante, torna-se tarefa quase impossível manter-se no mercado e, principalmente, evoluir como pessoa.

Entre 2021 e 2025, o mundo enfrentou uma série de acontecimentos marcantes que moldaram o cenário econômico e geopolítico. A pandemia de covid-19 teve reflexos significativos já nos primeiros anos desse período, com cadeias produtivas fragilizadas, inflação global crescente e reconfiguração de modelos de trabalho. Em seguida, a guerra entre Rússia e Ucrânia (iniciada em 2022) provocou instabilidades no fornecimento de energia e alimentos, impactando diretamente a Europa e diversas economias emergentes. Ao mesmo tempo, os Estados Unidos enfrentaram inflação elevada, altas nas taxas de juros e tensões comerciais com a China, enquanto esta última aprofundava sua estratégia de autossuficiência tecnológica e expandia sua influência no Sul Global.

No campo da inovação e da nova economia, houve uma expansão significativa de startups focadas em inteligência artificial, sustentabilidade e digitalização de serviços. A ascensão da IA generativa, impulsionada por empresas como OpenAI, redefiniu o mercado de trabalho e a produtividade em diversos setores. Crises pontuais também marcaram o período, como a quebra de grandes bancos regionais nos Estados Unidos em 2023, a desaceleração da economia chinesa em 2024 e eventos climáticos extremos que reforçaram a urgência da transição energética. Em contrapartida, a retomada gradual do crescimento econômico global, liderada por investimentos em tecnologia e infraestrutura verde, apontou para uma reconfiguração da economia mundial mais conectada, digital e sensível às questões ambientais e sociais.

Quando relacionamos esses acontecimentos, o contexto assusta. No entanto, por mais que os modelos de negócio inovadores, baseados em tecnologia e escalabilidade continuem moldando a nossa realidade, a consolidação de empresas emergentes em áreas como fintechs, healthtechs e edtechs tem nos mostrado que, na atualidade, as companhias que se destacam são aquelas que investem principalmente no capital humano. Todos esses avanços, inclusive os mais tecnológicos e disruptivos, foram feitos por pessoas e para todos nós.

Nunca é demais lembrar também que o acesso facilitado a investimentos foi outro fator determinante para toda essa transformação. O crescimento de fundos de venture capital, o surgimento de plataformas de financiamento coletivo e a descentralização do investimento – inclusive por meio de criptomoedas e ativos digitais – permitiram que ideias inovadoras encontrassem capital com mais facilidade. Isso fomentou um ciclo de crescimento acelerado, no qual as empresas puderam escalar rapidamente e gerar impacto econômico real, contribuindo para o aumento do Produto Interno Bruto em diversos países e mudando a lógica tradicional de geração de valor. E é justamente aí que entra o poder do equity – e a razão pela qual esta obra continua tão atual e relevante para compreender esse cenário.

Na nova economia, em que velocidade, inovação e redes superam hierarquias, uma nova moeda de valor tem ganhando cada vez mais força e representatividade: o equity. Muito além do saldo bancário ou da margem de lucro, o equity representa a capacidade de gerar valor no longo prazo, de construir ativos duradouros e de capturar o potencial futuro de crescimento. É o ativo invisível que separa empresários comuns dos visionários.

No universo dos negócios, o termo "equity" é frequentemente associado a investimentos em startups, rodadas de venture capital ou grandes operações de private equity. Mas essa é apenas a superfície do iceberg. O equity serve para qualquer tipo ou segmento de EMPRESA, e é muito mais do que uma ferramenta de investimento: trata-se de uma filosofia de construção de valor, uma estratégia de crescimento e, acima de tudo, a moeda invisível mais poderosa da nova economia.

Quando lancei este livro em 2021, aprofundei essa visão, mostrando como esse conceito, quando bem compreendido e aplicado, pode transformar a forma como empreendedores, investidores e líderes constroem negócios relevantes, sustentáveis e lucrativos. E o mais importante: negócios que crescem não apenas no faturamento, mas também no VALOR.

Agora, com uma visão de mercado ainda mais robusta e fundamentada, reafirmo o que já compreendia antes: o equity não é apenas o que você tem hoje, mas o que você é capaz de construir amanhã. Enquanto muitos ainda jogam o jogo do *cashflow*, obcecados por lucro imediato, controle e caixa, os grandes estrategistas estão jogando o jogo do equity, em que o foco não é controlar cada fatia do bolo, mas aumentar o tamanho do bolo – usando equity para atrair talentos, formar parcerias, captar recursos, acelerar o crescimento e abrir novos mercados.

E se antes as startups que oferecem, desde os primórdios, equity em troca de capital, expertise e conexões dominavam essa lógica, é importante destacar que cada vez mais as empresas tradicionais estão ressignificando a diluição como perda, ao comprovar que, na verdade, ela pode ser a alavanca para a expansão.

Quando um empresário aprende que equity não é escambo, mas a moeda estratégica que permite transformar negócios em ecossistemas, tudo ao seu redor muda. Sua forma de enxergar as oportunidades, fazer negócios e fortalecer o mercado se tornam consequências de sua nova mentalidade e versão pessoal.

Na prática, o fato é que empresas que entendem e estruturam bem o seu equity se tornam automaticamente mais atrativas para investidores, talentos e parceiros estratégicos. Elas crescem mais rápido, com menos dependência de capital externo, porque sabem usar o equity como alavanca de crescimento.

E sim, como você já deve estar imaginando, toda empresa tem equity, mas poucas sabem usá-lo. Existe um mito perigoso no mercado: o de que equity é coisa de startup ou de fundo de investimento. Isso não poderia estar mais errado. Toda empresa tem valor. E saber o quanto vale o seu negócio e como esse valor pode ser negociado, ampliado, protegido ou multiplicado é o que diferencia negócios estagnados de negócios exponenciais.

E quando falo, desde o título desta obra, sobre o poder do equity, não é por acaso. Assim como no mundo do trabalho distinguimos *hard skills* (habilidades técnicas) e *soft skills* (habilidades comportamentais), no mundo dos negócios também há diferenças entre tipos de equity.

1. Equity tangível

É o capital visível, mensurável no balanço: participação societária sustentada por ativos como imóveis, caixa, faturamento, EBITDA. o equivalente às "hard skills" das empresas – necessário, mas não suficiente.

2. Equity intangível

Envolve marca, comunidade, governança, tecnologia, cultura organizacional, base de clientes e capacidade de inovação. É esse equity invisível que justifica valuations bilionários de empresas que ainda nem lucram. É o que move negócios como Tesla, Uber e Airbnb – não pelo que são hoje, mas pelo que podem vir a ser.

3. Soft equity

É o capital invisível que reside nas pessoas, principalmente nos fundadores, líderes e empreendedores. Ele não está em contrato algum, mas dá sustentação emocional, estratégica e moral para enfrentar crises, se reinventar e recomeçar mais forte.

Ao longo do livro, você encontrará de maneira detalhada todos os conceitos, as aplicações e dicas para fazer o melhor uso do seu dinheiro e tempo. Mas nesta nota inicial, que aborda o que mudou nesse hiato de tempo entre uma edição e outra, aproveito para destacar os seis pilares do que tenho chamado de soft equity e que, para mim, tem provocado as maiores e mais significativas mudanças (em relação às minhas ações e à minha percepção). O soft equity é formado por ativos pessoais que, quando bem cultivados, não só sobrevivem às crises, como se fortalecem com elas. Eles são:

1. Capital social

Sua rede de relacionamentos, confiança construída, pessoas que se conectam a você mesmo quando tudo desaba. É o que o reconecta ao mercado antes mesmo de ter algo pronto.

2. Capital intelectual

É a sua capacidade de aprender, pensar, criar e se adaptar. Quando tudo falha, o que permanece é o que está na sua mente – sua verdadeira fábrica de geração de valor.

3. Capital reputacional

É a sua credibilidade. Em mercados barulhentos, confiança virou moeda. Quem tem histórico consistente atrai aliados, mesmo sem caixa.

4. Capital de influência

Trata-se da capacidade de mobilizar pessoas, inspirar ações e movimentar recursos sem depender de cargo ou estrutura. É o novo poder em um mundo em rede.

5. Capital de imagem

É como o mercado percebe você. Sua marca pessoal, presença e coerência. É o que define se você será lembrado ou esquecido.

6. Capital espiritual

É a bússola moral, o eixo que sustenta decisões difíceis, molda caráter, promove resiliência e diferencia quem lidera pelo exemplo. Inspirado em Provérbios, de Salomão, é esse capital que produz estabilidade emocional e clareza estratégica em meio ao caos. O verdadeiro equity não é o que você acumula, mas o que carrega dentro de si.

Certamente você já percebeu que, no final, o equity está atrelado a liberdade. Empresários ainda presos ao modelo mental da escassez trabalham pelo dinheiro, mas os que entendem o poder do equity constroem negócios que trabalham por eles e usam sua participação como alavanca para criar ativos que funcionam sem sua presença direta, gerando riqueza, liberdade e legado.

Seja para atrair aquele executivo que transformará seu negócio, formar um conselho estratégico de alto nível ou acessar um mercado internacional, o equity bem utilizado multiplica recursos sem gerar dívidas, sem vender a alma do negócio e sem abrir mão do controle do futuro.

Por fim, e para que você possa, ao iniciar a leitura da obra, mergulhar no universo do equity, uma última provocação (no bom sentido da palavra): você tem certeza de que está jogando o jogo da maneira certa? Algumas perguntas que poderão ajudá-lo a encontrar essa resposta:

1. Você é um empresário ou executivo que acredita que vai reinventar sua companhia apenas com um comitê de inovação e um grupo de WhatsApp?
2. Se você lidera uma empresa tradicional e está realmente comprometido com crescimento, inovação e relevância, então por que ainda não comprou uma startup? Só para constar, isso não é uma tendência passageira importada do Vale do Silício. É uma jogada estratégica de quem entendeu que tempo é um dos ativos mais escassos. O mercado não espera. Enquanto você ainda monta equipe, contrata desenvolvedores e testa novos modelos de negócio, existem startups prontas para entregar isso hoje. É algo que os grandes já entenderam. O Google se tornou o Google também porque comprou o YouTube. A Meta se consolidou como gigante porque adquiriu o WhatsApp e o Instagram. Essas empresas não compram apenas tecnologia. Elas compram velocidade, talentos e visão de futuro. Quem enxerga agora, colhe primeiro.

"Ah, João, minha empresa não tem dinheiro ou orçamento para comprar startups." Mas quem disse que só se compra com dinheiro? Existem várias formas de fazer negócios na nova economia. Basta entender o poder do equity.

O Brasil é um campo fértil, cheio de startups com alto potencial e ainda subvalorizadas em suas operações e valuations. E isso, sim, é uma oportunidade. Existem centenas de negócios com modelo de receita validado, base sólida de clientes e tecnologia própria, mas que não têm o capital necessário para crescer. Para empresas tradicionais, isso representa uma oportunidade estratégica: um ecossistema inteiro de ativos prontos para integração e com preços ainda acessíveis, em um momento em que o mercado de venture capital, private equity e M&A está se reposicionando.

Muitas empresas brasileiras estão se movimentando nesse sentido. A Ambev incorporou a Zé Delivery, criada e escalada internamente como uma startup própria. A Lojas Renner comprou o Repassa, uma plataforma de revenda de roupas usadas. A Suzano investiu na BemAgro, focada em agricultura de precisão. A TOTVS adquiriu a VarejoOn-line, especialista em sistemas para pontos de venda. A Locaweb comprou a Vindi, voltada para pagamentos recorrentes. O BTG Pactual levou a Kinvo, uma plataforma de consolidação de investimentos. A Duratex comprou a Viva

Decora, referência em design de interiores. A Rappi adquiriu a Box Delivery, especializada em logística urbana. O Asaas integrou a Nexinvoice, que automatiza contas a pagar. A Linx comprou a ShopBack para fortalecer sua presença digital. O Mercado Livre incorporou a Kangu, que atua com logística para e-commerce. A Magalu comprou a SmartHint, que é um sistema de busca e recomendação. E por aí vai...

A lista cresce a cada trimestre. Só a Bossa Invest já vendeu mais de 120 startups do seu portfólio para médias e grandes empresas. Isso mostra como o ciclo de inovação pode ser acelerado quando há visão e estratégia. A Bossa Invest já fez mais de 2 mil investimentos em startups e tem um portfólio de mais de 1.700 startups investidas, sendo também reconhecida como a mais ativa venture capital *early stage* da América Latina.

Ou seja, a aquisição estratégica deixou de ser uma ferramenta tática e virou uma alavanca real de transformação. Ela serve para inovar mais rápido, proteger mercado e diversificar receita. Seja produto, canal, tecnologia ou cultura, o ponto de partida é sempre o mesmo e o ponto final também precisa ser.

Dividido em três partes, este livro continua vivo e atual, sendo um convite indispensável para aqueles que desejam não apenas compreender o mercado atual, como se posicionar nele e expandir sua atuação de maneira inteligente, estratégica e intencional. Do conceito às melhores práticas, a partir de agora, você terá acesso a uma nova mentalidade capaz de transformar tudo – afinal, o jogo já mudou, e quem ainda pensa apenas em lucros a curto e médio prazo está perdendo o maior ativo de todos: o valor que pode ser construído, multiplicado e compartilhado.

E se você já compreendeu que não faz sentido permanecer no jogo do curto prazo, seja muito bem-vindo ao jogo do legado e do grupo de vencedores que se destacam na nova economia.

sumário

2

Parte 2: Investidor: o uso inteligente do seu dinheiro

3

Parte 3: Deu *match*: como fazer investimentos

prefácio

A primeira startup em que investi foi comprada por mim por um preço de 10 milhões de reais. Dois anos depois, eu a vendi por 72 milhões de reais – multipliquei meu capital por 7,2. E adivinhe quem também era investidor nessa startup e tinha entrado antes de mim?

Foi nessa trajetória que tive o privilégio de me aproximar de João Kepler, um dos mais icônicos e experientes investidores da atualidade.

Nossa aproximação aconteceu por dois motivos – compartilhamos de valores parecidos: valorizamos a família, o investimento em negócios exponenciais e o relacionamento; e pensamos em investimentos da mesma forma: valorizamos o equity, a escala e o empreendedor.

Desde então, pude desenvolver uma relação de amizade com ele.

Trabalho no mercado financeiro há mais de uma década, e minha filosofia de investimentos é muito simples – por mais que, na prática, muitos não tenham a disciplina de segui-la.

Divido meu patrimônio em quatro caixinhas:

- A = Ações e negócios
- R = *Real estate*
- C = Caixa
- A = Ativos internacionais

Você deve ter percebido o acrônimo de "ARCA" – e, sim, tem um motivo. Eu entendo que a função de um portfólio de investimentos equilibrado é de funcionar como a arca (aquela de Noé!), protegendo--o dos grandes dilúvios e permitindo-o passar bem por momentos de turbulência.

Acontece que, historicamente, o investimento de maior retorno no planeta é em negócios (ou ações). Você não precisa acreditar em mim: basta dar uma olhada na lista dos mais ricos da *Forbes*. Todos (sem nenhuma exceção) ficaram ricos com negócios ou sendo herdeiros de negócios.

Podemos participar da ascensão dos negócios de duas formas: **empreendendo** ou **investindo** em outros empreendedores.

O problema de investir em outros empreendedores é que, durante séculos, nós nos habituamos a fazer isso por meio da bolsa de valores, e as empresas que entram na bolsa já passaram por sua maior fase de valorização. Negócios que valiam 1 milhão de reais cresceram e fizeram sua oferta pública inicial a 10 bilhões de reais – uma incrível valorização de mil vezes o capital que os investidores da bolsa já perderam. Para ter tal retorno de novo, um negócio de 10 bilhões de reais teria que se valorizar até os 10 trilhões. Parece difícil, não?

Por isso, a saída que encontrei para participar do potencial de multiplicação nos negócios em escala é diversificando minha carteira de investimentos em startups.

No início e desenvolvimento de minha jornada, João foi essencial. Criamos um *pool* de investimentos juntos e, hoje, somos sócios em alguns projetos. Acreditamos que o investimento em startups pode trazer os maiores retornos disponíveis no mercado, mas, para isso, você precisa entender uma regra fundamental: a mentalidade do equity.

- Você pode achar que já sabe, mas vai se surpreender;
- Você pode achar que isso é complexo demais pra você, mas vai se surpreender;
- Você pode pensar que é impossível começar a jogar esse jogo, mas, em breve, estará em campo.

Confie em João Kepler e nos ensinamentos que ele traz nesta obra inovadora. Ele é o maior investidor-anjo do Brasil e vai mudar sua forma de pensar, sua forma de investir e sua forma de ganhar dinheiro. Construir seu patrimônio entendendo o poder do equity só depende de você e das escolhas que fará daqui em diante.

Seja bem-vindo a uma nova mentalidade. Ainda tem pouca gente jogando, e você sairá na frente.

Boa leitura!

Thiago Nigro

ex-garçom que tem alcançado tudo aquilo que disseram pra ele ser impossível. Tornou-se um dos maiores e mais conhecidos educadores financeiros do Brasil e se destacou por produzir conteúdo sobre finanças e investimentos que é assimilado por milhões de brasileiros nas redes sociais e em livros.

introdução

Por que você precisa entender o poder do equity?

Com toda certeza, se você está com este livro em mãos, é porque busca compreender a nova economia e a lógica por trás dos investimentos em startups. E só existe um único caminho que é capaz de transformar essa vontade em resultados palpáveis e reais: a mentalidade equity. Pois é justamente isso o que eu chamo aqui de "poder do equity", ou seja, ter a capacidade de agir, de realizar algo, de mostrar força e que pode influenciar decisões e comportamento. A lógica para isso é ter visão de longo prazo e aproveitar agora as melhores oportunidades desse novo mercado.

Aprender a investir requer mais do que simplesmente ter o dinheiro para colocar onde você acredita que obterá melhores dividendos e resultados. Tem a ver com dedicação, compreensão do mercado e das suas próprias limitações, bem como o peso e as consequências das suas escolhas. Não pense que, se um investidor se destaca mais do que outros, ele teve "sorte" – certamente ele se preparou e, além de entender todo o racional que envolve cada escolha, manteve-se inabalável entre os altos e baixos justamente por entender e praticar a mentalidade equity.

Sem contar que é preciso entender que a dedicação ajuda, mas só a escala enriquece a jornada do investidor. Você já se deu conta de como, no geral, as pessoas só querem premiar o esforço? Porém não se esqueça de que o que fica como mensagem/imagem e vale mesmo são os resultados; contra eles, não existem argumentos! E eles, os resultados, só aparecem quando existe escala, crescimento contínuo, retornos acima da média. Isso gera *track record*! Nenhuma imagem ou marketing são poderosos o suficiente para sustentar carreiras e imagens que não se sustentam pelas escolhas acertadas e resultados a médio e longo prazo. Não tem como "pular" etapas.

Para se tornar investidor-anjo e fazer parte, de maneira ativa, do ecossistema empreendedor, é preciso, antes de tudo, preparação e conhecimento. E é a isto que você terá acesso nas próximas páginas: um compilado de experiências, aprendizados e muitos acertos nesse caminho que, apesar de longo, é extremamente satisfatório e recompensador.

Mudar a sua atual mentalidade, ou até mesmo definir uma a partir de agora, significa que você passará a adotar um conjunto de manifestações de ordem mental (crenças, maneira de pensar, disciplina, ética e transparência) que caracterizam uma coletividade, uma classe de pessoas que compartilham dos mesmos interesses e foco e acabam, por vezes, adotando uma mesma postura que pode ser facilmente identificada nos vencedores.

E é essa identificação, esse sentimento de pertencimento, que desejo a você, leitor ou leitora. Realmente espero que, ao final da leitura desta obra, você se sinta renovado e motivado a fazer novas escolhas. Também espero que se sinta seguro a ponto de entender que, a partir de agora, passa a fazer parte do grupo de pessoas que já entenderam o poder da mentalidade equity e estão utilizando todo esse conhecimento a seu favor, no mercado e na vida.

Preparado? Boa leitura e bons investimentos!

parte 1

Inquieto por natureza

capítulo 1
O começo: a percepção como bússola

Durante toda a minha vida, sempre fui inquieto por natureza, sem saber que detinha as características do que mais tarde entendi serem de um empreendedor: buscava meios e soluções para resolver problemas, não importava a natureza deles, nem se eram caseiros ou com potencial de ganhar mercado global. No entanto, já vou logo dizendo que este livro não é uma biografia. Não quero contar minha trajetória como empreendedor ou o que fiz e deixei de fazer ao longo dos últimos anos. O meu recorte aqui é outro: quero compartilhar com você como aprendi a ter mentalidade de equity e como me tornei investidor.

De certa forma, poderia dizer que ainda visto os dois chapéus, afinal, eu nunca deixei de empreender. Entretanto, nos últimos anos, por uma escolha consciente e na qual me aprofundarei neste livro, tenho me dedicado a fazer a diferença como investidor – aquele que sabe a verdadeira importância do smart money (em tradução literal, "dinheiro inteligente"). Ou seja, me tornei um daqueles investidores que consideramos, no ecossistema de startups, como o ideal. Mais do que dinheiro, ele é quem coloca nos negócios seu tempo, conhecimento, rede de contatos, se necessário, e assim por diante.

Minha aventura no mundo dos investimentos começou em 2007, quando fundei o e-commerce Show de Ingressos, uma plataforma reunindo oferta de ingressos de diversos eventos no sistema *one click to buy*, ou seja, apenas um clique para comprar. Ainda conhecia muito pouco o que era uma startup, mas logo pensei em buscar captação para expandir o negócio. Primeiro, tentei encontrar investidores no Brasil e obtive os primeiros nãos. Decidi então, em 2009, fazer uma viagem para tentar buscar dinheiro fora do Brasil. Fui atrás de investidores americanos e obtive novamente um não. Mesmo assim, essa viagem acabou mudando minha vida.

Por causa de tantas negativas, comecei a pensar nas razões pelas quais eu não havia conseguido. Essa questão, naquele momento, começou a me incomodar profundamente. Afinal, se eu acreditava naquele negócio, faturava bem e sabia do seu potencial, por que os investidores não compartilhavam da minha visão? A única resposta que tive foi: você não tem mentalidade de startup.

Embora não tenha conseguido investimento, naquela viagem acabei recebendo, meio que sem querer, a mentoria de um dos avaliadores dos Estados Unidos. Naquele encontro, ele me fez uma pergunta: "Por que você não muda seu negócio para B2B (sigla para a expressão *business-to-business*, que significa negócios entre empresas)? Já pensou nisso?". Não, eu não havia pensado e, quando ele me fez essa provocação, percebi que era uma possibilidade viável – até então, a empresa estava desenhada no modelo B2C (sigla para *business-to-consumer*, que significa negócios entre empresas e consumidores finais). "E se, em vez de vender ingressos diretamente aos consumidores dos shows, você alugar seu sistema para organizadores de eventos para que eles vendam os próprios ingressos?" Foi justamente aí que me acendeu uma luz. Além de começar a vislumbrar novas possibilidades para o meu negócio atual, também comecei a enxergar um novo caminho que poderia seguir enquanto profissional – algo que mudou minha vida, como comentei antes.

Ao voltar ao Brasil, realizei a mudança sugerida pelo mentor com quem conversei: transformei minha empresa em B2B e, com isso, apesar das margens menores, meus custos diminuíram absurdamente. Para você ter uma ideia, saí de três escritórios (em Maceió, Recife e São Paulo) com 45 colaboradores para uma única pequena sala com apenas três pessoas. Foi então que começou a sobrar mais dinheiro e consegui escalar o negócio. Comecei, depois das dicas que ouvi, a trabalhar de outra maneira. Uma das principais mudanças foi avaliar o cenário macro e não mais olhar apenas para dentro, como eu fazia de maneira natural, sem me dar conta de que, para conseguir escalar ou até mesmo conseguir aporte, eu precisaria entender e me preocupar também com outros fatores: mercado, público-alvo, fortalecimento da marca, marketing e assim por diante. Além disso, duas outras perguntas dele me fizeram começar a entender o poder do equity: "Por que você recebe dividendos?" e "Por que não reinveste e foca o *valuation* futuro?". Às vezes, com o ímpeto de tentar fazer o negócio dar certo a todo custo, esquecemos de respirar e analisar por outras perspectivas o que está a nossa frente e não enxergamos com a clareza necessária.

Mesmo com meu negócio mudando, rodando e crescendo, eu continuava com um incômodo e já sabia qual era: eu queria ser "aquele cara" que, com um único conselho, me fez mudar tanto. Cada vez que eu pensava nisso, tinha mais certeza de que também gostaria de trilhar esse caminho, mesmo que ainda não tivesse a noção real do poder da mentoria, da importância da preparação necessária para estar do outro lado avaliando um negócio (levei, na época, um PowerPoint tosco para me apresentar) e muito menos do conhecimento técnico do universo dos investidores e de que tipo de informação eles buscavam. Entretanto, eu tinha, dentro de mim, uma percepção aguçada de serendipidade (de *serendipity*, descobertas felizes por acaso) me fazendo entender que tudo aquilo (a viagem, o encontro com "aquele cara", a mudança de estratégia dentro da minha empresa) tinha, ou deveria ter, uma conexão, um sentido. Atrelada a essa percepção estava a capacidade de mudar entendendo os desafios e a disposição de recomeçar do zero, se fosse preciso. E foi!

Então, passei a buscar respostas. Primeiro, eu precisava entender por que havia recebido aquelas negativas. Em seguida, decidi que eu também gostaria de ser, um dia, essa pessoa que poderia, por meio dos seus conselhos e percepção, mudar a história de muita gente – direta e indiretamente.

Eu tinha esse modelo do perfil empreendedor incorporado na minha vida, como já mencionei. Meu pai sempre me ensinou a me virar e me esforçar para alcançar o que eu queria. Ele apontava o caminho e dizia: "Vá, se vire!". Relembrar esse conselho foi importante para aquela fase. Mergulhei de cabeça nesse universo e me tornei mentor ainda em 2009. Minha intuição estava certa, assim como minhas escolhas. Eu não só me tornei investidor como também, mais tarde, me tornei referência no ecossistema empreendedor brasileiro.

E é isso, caro leitor. Nestas páginas, você terá acesso aprofundado e detalhado a esse processo de mudança que ocorreu na minha vida e que me trouxe até aqui, levando-me a ser eleito o melhor investidor-anjo do Brasil por quatro anos.[1] Trata-se basicamente de um manual, um *playbook*

1 GAZZCONECTA. Startup de automação de hackatons, Shaweee é eleita startup do ano em maior prêmio do setor. **Gazeta do Povo**, 23 out. 2020. Disponível em: www.gazetadopovo.com.br/gazz-conecta/vencedores-startup-awards-2020/. Acesso em: 2 mar. 2021.

(documento baseado em textos que li e depoimentos coletados), tanto para os empreendedores, com o que eles precisam saber sobre os anjos, quanto para os investidores, com o que se deve saber para efetivar um aporte e passar a fazer parte deste universo.

Não tenho a menor pretensão de dizer o que é certo ou errado nem como outras pessoas devem fazer isso ou aquilo. Minha intenção, aqui, é mostrar como aconteceu na prática comigo e como, a partir de 2011, me transformei em investidor profissional, premiado e reconhecido como um dos maiores incentivadores do ecossistema empreendedor no Brasil. Com isso, espero que, de certa forma, minhas experiências e aprendizados sirvam para, no mínimo, fazer você refletir e, quem sabe, enxergar novas oportunidades no caminho do equity.

Se tem uma certeza que tenho, há um bom tempo, é que startup não é modinha! Ou você usa o serviço de uma delas, ou você cria uma, ou investe em uma. Nesse sentido, muita coisa precisa ser esclarecida em relação a esse modelo de negócios que já está enraizado em nosso país e no mundo. Muito mais do que mostrar como funciona é desmistificar o tema, educar e incentivar negócios nesta nova economia, ajudar e apoiar os projetos e fomentar o desenvolvimento econômico do Brasil pelo empreendedorismo.

Principalmente em momentos como o que estamos vivendo, tentando nos recuperar de uma crise mundial como a que experimentamos amargamente em função da pandemia do novo coronavírus, acredito que o empreendedorismo é uma alternativa para o desenvolvimento econômico de qualquer país. Já vimos isso em outras nações e confio que, no Brasil, não será diferente, mas é preciso fortalecer ainda mais nossa cultura empreendedora e a mentalidade do equity. Daí a importância de levarmos esse conceito também para dentro das escolas, das casas e, claro, das empresas e dos negócios.

O "NÃO" QUE MUDOU MINHA TRAJETÓRIA

Ninguém gosta de receber um não, sobretudo quando se deseja muito algo. No entanto, se tem uma coisa que a vida me ensinou foi a valorizar cada resposta negativa que obtive ao longo da minha jornada. Um não pode representar tanta coisa! Atrás de uma única palavra, pode estar subentendido: "você não está pronto", "você precisa se dedicar mais para obter um sim", "você precisa buscar novos caminhos" e por aí vai. Acontece que as pessoas, às vezes, negam a você um desejo e explicam o porquê. Na maioria das vezes, porém, você terá que ler nas entrelinhas e entender sozinho por que não deu certo.

Comecei minha vida empreendedora muito novo, aos 11 anos, em Belém do Pará, vendendo coisas usadas na escola e no meu prédio. Aos 13, já era office-boy na empresa do meu pai. Com o passar dos anos, fui tomando gosto por ter meu próprio dinheiro e fui inventando novas formas de ganhá-lo de maneira honesta. Aos 16 anos, aprendi a programar e abri uma empresa, a Kepler Soft, que desenvolvia sistemas na linguagem Dbase, uma linguagem básica de programação de computadores. Atendia clínicas de dentistas e consultórios. Deu muito certo e cheguei a ganhar dinheiro pelo meu pioneirismo na época.

Depois de fazer algumas viagens e sem apoio de ninguém, percebi que a terceirização de serviços seria "o negócio do futuro", então, montei também um bureau de digitação, pois, naquela época – por volta de 1986 –, poucos tinham computadores pessoais. Fui tocando esses negócios em paralelo, juntei dinheiro o bastante para me capacitar e, aos 20 anos, fui estudar nos Estados Unidos.

Nessa altura, eu já sabia que o empreendedorismo seria meu alicerce. Já de volta ao Brasil, em 1990, quando a internet se tornou mais acessível, eu já navegava por ela e subia meus sistemas desktop para a rede. Os sistemas desktop tinham esse nome porque eram vendidos em caixas, instalados no computador e não precisavam da internet para serem usados. Então comecei a desenvolver, para a internet, locais internos de computadores. Um dos mais relevantes foi o de uma concessionária de veículos que virou um famoso portal de geração de leads[2] de vendas, pioneiro em vários sentidos. Além disso, passei, na mesma época, pela experiência de ter uma grande equipe de venda direta representando da fábrica ao consumidor final. Minha passagem com e-commerce começou revendendo produtos eletrônicos: fui sócio em uma empresa média de cartão de convênio na região Nordeste, que possuía sistema próprio e um portal, algo no modelo do que hoje conhecemos como *internet banking* ou banco on-line.

Foi então que, em 2007, resolvi fazer um site para vender shows e eventos. Esta ideia foi o embrião do Show de Ingressos, que depois passou a atuar somente como plataforma B2B e *marketplace*. Naquela época, as startups estavam começando a aparecer, e sua cultura, bem como seu ecossistema, não era tão bem estruturada e difundida no Brasil

2 Leads, dentro do marketing digital, são os contatos que demonstraram interesse por determinado produto ou serviço e, dessa forma, se tornam consumidores potenciais.

quanto nos dias de hoje. Na minha cabeça, era um bom projeto que estava ganhando forma e representatividade; logo, eu poderia ampliar seu alcance. Entretanto, para isso, eu precisaria de dinheiro externo.

Foi quando comecei a buscar por investidores, mas eu não sabia de um detalhe superimportante: eu ainda estava totalmente despreparado, pois queria o dinheiro para poder crescer e, no entanto, não fazia a menor ideia do que era escala, como me preparar e o que precisava para isso. Alguns investidores brasileiros a que tive acesso na ocasião logo perceberam meu despreparo, mas não me falaram isso. Então, comecei a receber os primeiros nãos.

Ainda sem entender por que os outros não enxergavam o mesmo potencial que eu naquele negócio, decidi arriscar ainda mais e viajei para os Estados Unidos em 2008 para buscar investimento. As informações não eram tão difundidas como hoje, mas a fama e representatividade do Vale do Silício já tinha ganhado o mundo. As startups já eram uma realidade lá fora. Embora eu ainda não conhecesse os termos comuns ao ecossistema empreendedor (falarei sobre eles ao longo deste livro), o que eu buscava naquele momento era uma aceleração do meu negócio, o aporte de um investidor ou fundo.

Nos Estados Unidos, recebi outros nãos, o que começou a me incomodar profundamente. Por mais que eu ainda não soubesse o que tinha feito de errado, sabia que tinha algo errado... com meu negócio ou comigo. E essa ânsia por entender o que tinha acontecido se tornou minha prioridade.

Ao retornar ao Brasil, eu tinha dois focos: reestruturar a operação do Show de Ingressos para um modelo B2B, aprender mais sobre startups e estudar sobre investimento-anjo. Comecei a me relacionar com investidores no Brasil e em outros países; acompanhei de perto Cássio Spina, que, depois de ter completado um ciclo do empreendedor (startup, crescimento, aquisições e fusões, aporte de investimentos e venda), passou a apoiar startups na fase de crescimento quando fundou, em 2011, a Anjos do Brasil, "uma organização sem fins lucrativos com o objetivo de fomentar o crescimento do investimento-anjo para o apoio ao empreendedorismo de inovação brasileiro".[3] Ter acesso a todo esse movimento e me dedicar ao real entendimento do que estávamos fazendo mudou de maneira definitiva minha vida. Agora, era necessário me estruturar para que pudesse receber mais sins do que nãos.

3 ANJOS DO BRASIL. Disponível em: www.anjosdobrasil.net/. Acesso em 6 jan. 2021.

POR QUE RECEBI UM "NÃO" DOS FUNDOS DE INVESTIMENTOS?

Em meados de 2008, os fundos de investimentos em startups e/ou grupos que se formavam com o intuito de aportar em novos negócios já eram uma realidade nos Estados Unidos. Basicamente, eles começaram a ser criados lá atrás com o mesmo intuito de hoje: através dos fundos, os investidores diluem o risco do investimento e, se bem estruturado (como veremos mais à frente), o fundo consegue avaliar de maneira mais consistente e só seleciona negócios que estejam dentro de uma tese e prontos para receber dinheiro e suporte. E, como você já sabe, esse não era o meu caso. Então fica fácil entender por que não os convenci sobre o potencial do meu negócio, muito menos consegui minha tão sonhada rodada de investimento.

Quando recebi um não de um fundo, comecei a entender como o processo funcionava, principalmente que deveria apresentar meu pitch na perspectiva da banca de avaliação e não somente segundo o que eu achava interessante mostrar. Eu tinha levado meu PowerPoint com 52 slides que mostravam a fachada dos escritórios, carros plotados, funcionários com uniformes, enfim, estrutura física e capital tangível. O que eles de fato queriam ver eu não consegui mostrar: meu capital intangível.

Mas o meu aprendizado foi muito maior do que apenas no negócio. Entendi que existem várias maneiras de se ter crescimento pessoal na vida: um projeto profissional difícil, uma crise como a que vivemos recentemente, a perda de um ente querido, uma discussão com seu parceiro de vida e assim por diante. Cada um é despertado de uma maneira, mas pouco importa o que motivou tal conhecimento ou descoberta. O que precisa ficar para nós são as lições que têm a capacidade de mudar nossa forma de agir ou pensar, os aprendizados que podem ser aplicados em outras ocasiões por aqueles que têm a humildade de fazê-lo.

O PODER DE UM MENTOR

Em meio a tudo o que estava acontecendo comigo naquela época, preciso dar um destaque especial a uma conversa muito importante – que já mencionei na introdução. Um dos investidores que optou por não colocar dinheiro na minha startup, em 2008, me disse não, mas me deu alguns feedbacks sobre o motivo pelo qual tomava aquela decisão, além de conselhos e orientações. As coisas que ele me disse mexeram demais comigo, sobretudo porque ele me provocou a olhar para o equity e para o B2B. Na verdade, em um primeiro momento, o que ele disse não me fez muito sentido, mas suas provocações, perguntas e ponderações me levaram a pensar nas alternativas sugeridas. Um soco na boca do estômago, essa foi a minha sensação. Eu não tinha ideia de como um mentor poderia mudar o rumo de um negócio e até mesmo de uma vida de maneira tão profunda.

Não é a primeira vez que escrevo sobre mentores, e não à toa. Cada vez mais, aumenta a minha convicção de como essas pessoas são fundamentais, não apenas para o desenvolvimento de um negócio ou para orientar seus pupilos, mas para fazer "a roda girar". Perceba que o ciclo que move o mundo dos negócios com base nas experiências e aprendizados precisa ser contínuo, e quem o alimenta são aqueles que se dispõem a compartilhar tempo e conhecimento adquirido ao longo da própria jornada.

Entretanto, engana-se quem pensa que um mentor vai apontar o melhor caminho e que ele vai definir o melhor modelo, produto ou serviço. Mentores não vão dar respostas prontas nem determinar o que você fará ou deixará de fazer. A ideia de ter um mentor por perto é ter uma pessoa mais experiente, que pode ajudar a diminuir as chances de cometer erros, que pode conduzi-lo do ponto A ao B de maneira menos arriscada e, principalmente, orientá-lo a encontrar as próprias respostas com base em uma análise aprofundada. Ele fará apontamentos necessários para que você consiga enxergar de maneira ampla qualquer situação.

Um mentor vai fazer perguntas com base nas experiências dele e então desenvolver *insights*, olhar por outras perspectivas e até mesmo propor soluções para seu negócio. O propósito do mentor não é apenas transmitir informações nem treinar competências, mas estimular a autonomia do seu mentorado para que possa tomar as próprias decisões. Isso porque um bom mentor tem *track record* (histórico, carreira, experiência, reputação, autoridade e trajetória), tem curiosidade, empatia, coragem e generosidade.

Não demorou muito para eu entender que, se você está preparado para defender sua ideia diante de um investidor que pode se tornar um mentor, se conseguir prender a atenção dele, é importante não desperdiçar a oportunidade! Prepare-se muito bem para demonstrar que tem capacidade de fazer seu projeto decolar, com estratégias na manga para driblar imprevistos e crescer no mercado. Note que a maioria dos empreendedores, quando querem "conquistar" um investimento ou um mentor, falam primeiro do seu pedigree e de suas vantagens, não dos problemas e como pretendem resolvê-los.

Quero compartilhar com você como aprendi a ter mentalidade de equity e como me tornei investidor.

Algumas perguntas que certamente um mentor poderá fazer: "Por quê?"; "Por que não?"; "Já prestou atenção a isso ou àquilo?"; "Sabe aonde quer chegar?"; "Qual o racional disso?"; "Já pensou que esse caminho pode encontrar essa barreira ali na frente?"; "Avaliou mesmo esse concorrente e mercado?"; "Que tal testar essa possibilidade X?"; "Você validou esse canal Y?"; "Já conhece a ferramenta Z?"; entre muitos outros pontos para chamar sua atenção. Com base nas suas respostas, ele deve *orientar sem impor* e *corrigir sem ofender*.

O mentor serve justamente para isso: auxiliar na visão para as coisas que você não consegue enxergar e, assim, ajudá-lo a encontrar soluções. Dessa forma, chegará aonde deseja e resolverá situações de uma forma muito mais simples do que sem ele.

A PESSOA "DO CONTRA"

Quando olho para trás, percebo que sempre fui "do contra". Nadar contra a maré se tornou minha especialidade. Minha trajetória empresarial e meu posicionamento como líder destacam-se justamente porque sempre fui na contramão dos demais e porque apostei em um mercado ainda inexplorado.

Sempre estive atento aos conselhos, mas, de maneira consciente, nunca segui o óbvio, nenhuma "boiada" ou modinha, e muito me orgulho disso: Em minha opinião, é muito mais fácil se iludir e quebrar a cara quando você simplesmente aposta todas as suas fichas apenas no que "todo mundo" está fazendo (a mesma coisa). É claro que, por ter essa mentalidade e atitude, paguei um preço alto várias vezes. Sei que, em diferentes momentos e contextos do mercado e da minha própria vida eu me posicionei à frente do meu tempo, às vezes até da minha própria capacidade. Entretanto, quando olho pelo meu retrovisor, o resultado foi muito positivo em todos os sentidos, sobretudo em aprendizado.

Poucas pessoas estão dispostas a pagar esse preço, pôr a pele em risco com a ameaça de perder tudo ou dar a cara a tapa. A grande maioria se prepara apenas para os aplausos e retornos positivos, optam pelo caminho mais curto, pelo atalho e pelo menos arriscado, não suportam admitir que podem errar e que algo pode sair diferente do esperado. Pois bem, alguns descrevem essa habilidade como "olhos de lince", uma expressão em português usada para descrever alguém que tem uma visão acima da média, que enxerga além do que todos veem.

Quantas pessoas você conhece com essa capacidade? Estes, provavelmente, são os melhores mentores que alguém pode ter. Ser visionário é conseguir enxergar além do óbvio, olhar para onde todos estão olhando, perceber o que ninguém consegue ver ou prever o que vem pela frente. Definitivamente, não é uma tarefa fácil e requer esforço repetido. Como aprendi a fazer? Na maioria das vezes, me distancio, observo por outras perspectivas e tomo decisões com paciência e responsabilidade. Procuro por mares nunca navegados ou até o mesmo que todo mundo está olhando, mas tento ver o que ninguém está conseguindo enxergar naquele momento.

Foi assim com vários negócios em que estive ao longo da minha jornada, antes que eles, obviamente, se tornassem padrão de mercado. Consegui chegar aonde estou hoje, entre erros e acertos, sempre fazendo apenas o que gosto, mas sem me acomodar quando estava ganhando. Ao longo dessa jornada, fracassei também, nem tudo deu certo. Entretanto, o que fazer quando algo não está dando certo? Reclamar? Culpar alguém ou o mundo? Chorar o leite derramado? Jamais! Respirar, repensar, refazer, levantar a cabeça, virar a página e buscar novos negócios. Sempre. Foi o que fiz! Nunca permiti que meus sonhos fossem sepultados pelas dificuldades que enfrentei ou por comentários negativos dos outros. Por isso, aprendi a corrigir os erros durante a trajetória. Nesse sentido, também já me chamaram de "fênix", aquele que consegue ressurgir das cinzas.

Garanto que é muito pior viver nas sombras, seguir apenas tendências ou o que falam para você fazer. Situações de "cegueira" são muito comuns na nossa vida. Muitas vezes, não conseguimos perceber com clareza o que está acontecendo. E isso acontece porque estamos "dentro" da cena, participando dela e imersos no que estamos vivendo, uma imersão que nos impede de prestar atenção ao que está realmente acontecendo.

Posicione-se, levante a cabeça, tome decisões pensadas, arrisque mais, acredite em você em primeiro lugar. Nunca mais somos os mesmos depois que damos chance às oportunidades. Entretanto, para isso, é fundamental termos alguém para nos ajudar a ver as coisas que não conseguimos ver sozinhos.

EU QUERO SER VOCÊ

Assim que me dei conta de tudo que um mentor poderia ser e da importância que esse profissional pode exercer na vida de uma pessoa ou na história de uma empresa, pensei: *Eu quero ser você!* Aquele investidor/mentor mudou minha vida, e eu queria ser aquele cara na vida de outras pessoas. Minha decisão já estava tomada; agora, eu precisaria me tornar uma pessoa admirável e uma referência. Para isso, o trajeto seria árduo. Então, comecei logo.

Muito do que somos nas nossas vidas devemos aos bons exemplos que nos rodeiam. Na trajetória profissional, não é muito diferente: ter um mentor pode ajudar a clarear os seus objetivos e a retomar o fôlego na hora de dar uma virada na carreira ou almejar uma posição mais alta. A inspiração é peça-chave no aprendizado e no amadurecimento das decisões tomadas ao longo da vida. O exemplo de pessoas experientes pode servir de base para fazer ou não fazer algo e, combinado com as recomendações certas, ajuda a evitar uma série de erros já cometidos pelos outros no passado. O melhor exemplo disso são as startups, que, geralmente, reúnem empreendedores ainda aprendendo e mentores, pessoas com carreiras já consolidadas e experiências acumuladas.

Além disso, assumir para si que "Eu quero chegar aonde *ele* chegou", "Eu quero atingir o que *ela* atingiu" não é inveja nem nada parecido. Pelo contrário, é entender que você conheceu alguém tão excepcional que deseja que as pessoas possam enxergá-lo da mesma forma também. Leia o que disse o Thiago Nigro no prefácio deste livro.

Entretanto, atenção, não se iluda. Ninguém vira uma referência em nada da noite para o dia. Hoje, há especialistas de tudo e para tudo – na verdade, eles sempre existiram, mas não tinham tanto espaço e visibilidade quanto atualmente. Cuidado com quem nunca construiu nada e quer mostrar a você como fazer.

E sabe por que essa escolha é tão importante? Inspirar-se em alguém e confiar na sua opinião é um divisor de águas. Imagine entregar seus segredos e dúvidas à pessoa errada? O resultado poderá ser desastroso e, infelizmente, nem todo mundo tem boas intenções neste mundo.

Nessa troca, você precisa sentir que até uma crítica pode ser, na realidade, um incentivo para desafiá-lo a ir mais longe. Questione quem concorda sempre com suas ideias, ações e posicionamento. Caso esteja vivendo isso hoje, essa pessoa provavelmente não tem mais uma visão imparcial e necessária para avaliar determinadas situações.

NÃO É SORTE, É PREPARAÇÃO E KNOW-HOW

De maneira bem objetiva, agora você, leitor, já sabe como eu me tornei mentor e, mais tarde, investidor-anjo. Todos nós sabemos também que o investimento-anjo é de grande risco. Por isso, quero compartilhar como aprendi a lidar com esse fato, qual tipo de análise aprendi a fazer para diminuir o potencial de risco em minhas escolhas e como transformei minha mentalidade para o que é o *poder do equity*.

Já adianto que nada tem a ver com a sorte, como você já pôde perceber até aqui, mas com muito trabalho. Aprendi, antes de tudo, a valorizar e respeitar o dinheiro. Como empreendedor e ainda sem nenhum apoio, tive que ser meu próprio investidor. Depois, aprendendo a buscar recursos e oportunidades para os meus negócios, no Brasil e fora dele, fui me envolvendo com pessoas que estavam nesse ambiente e me propus a ir além das minhas próprias ideias. E, assim, as coisas foram acontecendo.

Não tive herança – foi com a geração de caixa dos meus negócios que investi em outros. O meu segredo para não correr altos riscos (e que aprendi errando e com o tempo) é analisar o problema que a empresa resolve, a validação, o modelo de negócio, o nicho e, claro, o perfil do empreendedor. Essa é a minha equação ideal para ser assertivo na hora de entrar em uma nova aventura. Além disso, participar de um grupo de investimento com habilidades e conhecimentos complementares é sempre uma boa opção: dividir para somar.

Parece óbvio, mas não é! Muita gente erra ao tentar generalizar e tratar todos os negócios e empreendedores de maneira igual. Não existe um padrão único, cada contexto, negócio e oportunidade é único por essência. Dito isso, é preciso deixar claro as diferenças entre informação e conhecimento, pois como se aplica cada um deles faz toda diferença. As pessoas costumam usar os termos de maneira intercambiável, sem saber que existem diferenças. Informação significa dados processados sobre alguém ou alguma coisa, enquanto conhecimento refere-se a informações úteis obtidas mediante aprendizagem e experiência.

O termo "informação" implica dados estruturados, organizados e processados, apresentados dentro do contexto, o que os torna relevantes e úteis para a pessoa que os deseja. Dados significam fatos e números brutos relativos a pessoas, lugares ou qualquer outra coisa, que são expressos na forma de números, letras ou símbolos.

Já "conhecimento" significa a familiaridade e consciência de uma pessoa, lugar, eventos, ideias, questões, maneiras de fazer as coisas ou qualquer outra coisa, que é reunida por meio da aprendizagem, percepção ou descoberta. É o estado de conhecer algo pela compreensão de conceitos, estudos e experiências.

Portanto, o CONHECIMENTO acontece quando a INFORMAÇÃO é aplicada. Com a soma da informação, do conhecimento e das experiências aplicadas na prática (boas e ruins) é que você adquire o verdadeiro KNOW-HOW.

Preparados, então, para continuar as descobertas? A grande mensagem que busco transmitir neste primeiro capítulo é que tudo na vida se trata de percepção, disposição, muita preparação e ação. Conhecimento sem prática gera esquecimento.

A NOVA ECONOMIA

Você saberia me dizer, sem titubear, se seu negócio pode ser caracterizado como uma empresa da velha ou da nova economia? Para os que responderam rápido, um alerta: mesmo que ele tenha sido criado de maneira tecnológica, inovadora e até mesmo digital, não quer dizer que faça parte da nova economia. O tempo todo temos tido contato com expressões para indicar que algo diferente começou a partir dali: nova estratégia, nova economia e até mesmo um tal de "novo normal" são termos que temos escutado com frequência.

O fato é que novos padrões não são estabelecidos da noite para o dia e não é verdade que tudo que pertence ao "velho" conceito não faça mais sentido. Assim, mudanças como a transição de produtos para serviços, a tecnologia, a colaboração, o valor do usuário (ou consumidor) e a velocidade de escala cada vez maior e abrangente, tudo isso, junto, poderia caracterizar uma nova economia. Entretanto, veja que interessante: se olhamos por esse viés, empresas que foram criadas da década de 1990 para cá, como a Amazon e o Google, se enquadram neste perfil, porém foram criadas no século passado. Ou seja, o que é novo na nova economia?

A meu ver, todos temos que aprender a ser nova economia, primeiro porque se trata de uma mudança social – de pessoas para pessoas. O que isso quer dizer? Basicamente, que devemos colocar, de agora em diante, a tecnologia e a inovação a serviço da criação de uma nova consciência em escala, capaz de pôr em prática novos modelos de negócio, novos modos de trabalho, novos modelos operacionais, novos modelos de distribuição, novos modos de produção, novas redes, novas cadeias de valor, novas formas de entender o que é resultado, novas formas de cobrar e novas formas de se relacionar.

O desafio das empresas será, entre outras coisas, criar marcas que se adaptem às mudanças no negócio sem perder sua essência, preservando, assim, o seu propósito e autenticidade. O próprio conceito de sucesso mudou, você já se deu conta disso? Ou seja, o que estamos chamando hoje de "nova economia" é composto, basicamente, por quatro tipos de negócios:

- Criativos: aquelas empresas que trabalham com bens intangíveis e ganham dinheiro com o que gostam;

- Sociais ou de impacto: negócios focados quase que exclusivamente no impacto que geram na sociedade;
- Escaláveis: aqui se encaixam perfeitamente bem as empresas com conceitos difundidos pelas startups, que são bastante escaláveis e com alta materialização do lucro;
- Inovadores corporativos: empreendedores com crachá e/ou empregados que empreendem com o dinheiro dos acionistas ou donos dessas empresas.

MENTALIDADE EMPRESARIAL

VELHA ECONOMIA	NOVA ECONOMIA
Empresário	Empreendedor
Foge de problemas	Busca por problemas
Hierarquia	Autonomia
Rituais e *modus operandi* que se repetem	Criatividade e ousadia
Evitar o erro	Errar rápido
Business plan	MVP
Objetivo	Propósito
Escritório/home office	Trabalho *everywhere*
Custo	Valor
Foco no cliente	Foco no cliente
Chefe	Líder inovador
Obediência	Inspiração
Erro	Aprendizado
O quê?	Por quê?
Terno e gravata	Qualquer roupa
Planejamento	Metodologias ágeis
Lançar no mercado	Protótipo/validação
Capital tangível	Capital intangível
Avesso a mudanças	Provoca mudanças
Estrutura fixa	Estrutura enxuta
Vendas	Novos modelos de negócios
Escalonar	Escalar

Em um mundo atual marcado por incertezas e pelos mais diversos questionamentos sobre tudo, a palavra que pode ajudar a definir a nova economia é disrupção, que tem como base um rompimento com o velho mercado e a abertura para o novo, mais tecnológico, flexível e prático.

Até pouco tempo atrás, muitas marcas viravam sinônimo de produtos, como: Danone, Durex, Gillette, Caldo Knorr, Sucrilhos, Miojo, Aspirina, Bombril, Jet-ski, Band-aid, entre tantas outras. Hoje, são as startups que estão se tornando sinônimo de algumas soluções, mas, desta vez, de serviços e negócios.

Veja abaixo como as coisas mudaram da economia tradicional para a nova economia ao longo dos últimos dez anos:

- As fitas de áudio viraram Spotify;
- As fitas de vídeo viraram Netflix;
- As cartas viraram e-mail;
- O telefone fixo virou WhatsApp;
- O disquete virou *cloud*;
- A TV virou YouTube;
- Os classificados de emprego viraram LinkedIn;
- O táxi virou Uber;
- O álbum de fotos virou Instagram;
- O bilhete virou X (antigo Twitter).

Partindo dessa análise, selecionei algumas startups que estão na Redebossa (comunidade de startups que recebem investimento da Bossa Invest, fundo de investimento do qual sou CEO) para mostrar como elas estão inseridas na nova economia e mudando o mundo (resolvendo problemas) com seus serviços e negócios:

Casa para estudante virou 4STUDENT
Gestão estratégica de resíduos virou ATERRA
Logística de grandes embarcadores virou AWARE
Compra e venda de resíduos virou BRPOLEN
Formalização digital de processos virou CERTDOX
Negociação de frete internacional virou CHEAP2SHIP
Anúncios em panfletos viraram COM OFERTA
Simular financiamento automotivo virou CREDERE
Gestão de despesas corporativas virou ESPRESSO
Gestão de eventos on-line virou EVNTS
Serviços domésticos viraram FAMYLE
Produção e automação de vídeos em escala virou FRAMEFY
Conteúdo e soluções de aprendizagem viraram GENTE LABS
Gestão de conteúdo e comunidades virou GROWTH HACKERS
Acessibilidade e tradução de libras virou HAND TALK
Coleta de dados pelo celular virou KCOLLECTOR
Clipping jornalístico virou KLIPBOX

Banho e tosa a domicílio viraram LILUPET
Snacks para escritório viraram MADE IN NATURAL
Controle de ponto virou MYWORK
Operações portuárias viraram NAVALPORT
Sistema para estacionamentos virou PAYPARKING
Agendamento de serviços para pets virou PETBOOKING
Tecnologia para reciclagem de resíduos virou RECICLA.CLUB
Brechó on-line virou REPASSA
Segurança na logística escolar virou SCHOOL GUARDIAN
Call-center qualificado e escalável virou SCOOTO
Gestão de combustível e frotas virou SS TELEMÁTICA
Gestão de saúde corporativa virou WELLBE
Aluguel de imóveis on-line virou ZIMOBI

Confira a lista completa de startups investidas pela Bossa Invest em joaokepler.medium.com/startups-rede-bossanova-d5a4aa616efa ou aponte a câmera de seu celular para o QR Code.

Imagine quantas pessoas não têm conhecimento desses "sinônimos" e como elas procuram no Google. Por falta, muitas vezes, de conhecimento em relação aos termos buscados e do posicionamento da startup no mercado, essas empresas podem perder clientes potenciais só porque não foram encontradas.

Quando internalizamos este conhecimento, torna-se um hábito buscar soluções que resolvam problemas específicos (as startups) e que já estejam inseridas na nova economia.

Acredito que a principal característica da nova economia seja a mudança de mentalidade. Novos caminhos, novas amizades, nova postura, novas ideias, novas ações, novas conexões, novas oportunidades. É um ciclo que deve se repetir.

Velho X Novo

	Economia tradicional	Nova economia
Modelo de monetização	Vender, alugar, prestar serviços	Receita com base na construção de um público
Serviços oferecidos	Serviços restritos e comoditizados	Grande variedade de produtos e serviços criativos
Software	Plataformas sob demanda e sistemas proprietários	Mercados nichados, *White label* e ferramentas SaaS, que permitem aos provedores administrar seus próprios negócios
Relação entre consumidor e fornecedor	Capacidade limitada de envolvimento do consumidor	As plataformas incentivam a interação direta e a lealdade entre o provedor de serviços e o consumidor
Alavancas para o crescimento dos negócios	Fazendo mais: mais tempo gasto, milhas percorridas, trabalhos etc.	Expandir o público, oferecer um diferencial e escalar o negócio

Mas e os negócios tradicionais? Como podem entrar nessa nova economia? É óbvio que muitos negócios tradicionais focados no capital tangível (mesa, cadeira, estrutura e maquinário etc.) vão ser substituídos ao longo dos anos, mas todos eles podem reestruturar-se aplicando camadas de serviços com base na inovação e tecnologia, que podem ser para comercialização, operação ou relacionamento. Só a título de exemplo, a fabricante de automóveis Volkswagen lançou recentemente seu serviço de assinatura de carros – ou seja, uma camada de serviço na qual prevalece o uso do consumidor em detrimento da posse.

capítulo 2

O que os investidores querem saber e ouvir

Como apresentado no capítulo anterior, se tem uma coisa que eu ainda não entendia quando fui em busca de aporte para a minha empresa era o que os investidores esperavam que eu apresentasse para "convencê-los" a fazer parte do meu negócio. Quem já buscou investimentos, independentemente da fase – dos estágios de investimento-anjo a Série A –, sabe como é importante estar preparado não apenas para responder às mais diversas perguntas, mas emocionalmente seguro também, em especial em relação ao que consegue entregar. Estes são um dos principais pontos analisados pelos investidores – e que eu descobri com o tempo e prática.

Quando o assunto é investimento em startup, muito se fala em pitch, *business model canvas* etc. E tudo isso é, de fato, muito importante e necessário. Metodologias são úteis porque ajudam na preparação e na apresentação, desde que usadas como auxílio e com inteligência (papel aceita tudo!). Para um investidor, contudo, o mais importante é conseguir ter visão do todo – do negócio e da capacidade do empreendedor de fazer tudo aquilo que ele diz que vai fazer com o seu dinheiro.

Ninguém coloca dinheiro em um negócio que não faça sentido e não tenha bom senso, em que o empreendedor não tenha os "pés no chão" e consiga mensurar com coerência e responsabilidade os possíveis resultados. Por mais óbvio que pareça, é impressionante o número de pessoas que acreditam ter encontrado uma solução única e incomparável no mundo. Quantas vezes ouvi algo do gênero: "Você nunca viu uma empresa assim", "Não temos concorrentes", "Vou virar um unicórnio", "Vamos crescer x%" sem ao menos ter um produto pronto para comercializar – nem a menor noção do mercado que pretende alcançar. E por aí vai: eu poderia citar inúmeras frases e erros assim.

Por já estar preparado para algumas "frases de efeito" e erros que são comuns neste processo, vou apresentar a vocês, investidores e futuros investidores, uma palavra que, além de fazer parte da nossa vida, dará sentido e fundamento para toda e qualquer decisão que precise tomar em relação ao aporte em startups: a **escala**.

Você já sabe quais são as características e as mudanças que ocorreram para chegarmos à nova economia, agora vai entender por que precisa aprender a avaliar e entender quais são os negócios escaláveis. Ou seja, colocando por hora de maneira bem resumida, são as soluções que podem ser replicadas em alto volume sem que isso interfira na produção ou distribuição desse serviço/produto.

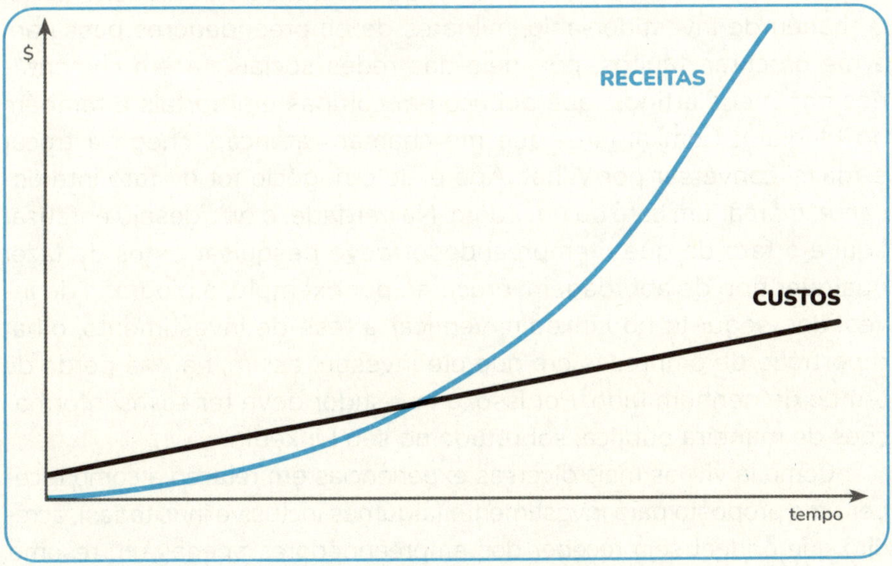

Uma startup e um negócio escalável são aqueles que conseguem aumentar seu faturamento sem aumentar as despesas proporcionalmente. Conseguem, por exemplo, expandir o seu número de clientes de maneira acelerada, sem precisar aumentar os custos na mesma proporção.

Isso porque se tem uma coisa de que os investidores já blindados correm são projeções surrealistas e empreendedores sonhadores que não têm a capacidade de enxergar o que de fato precisa ser feito para o negócio dar certo. Marinheiros de primeira viagem não precisam saber no que são bons ou no que merecem destaque. Entretanto, não tentar omitir o que falta aperfeiçoar, o que merece atenção e os desafios que vão enfrentar é o mínimo esperado na apresentação de uma empresa séria e comprometida.

Outro erro frequente é, na hora do desespero ou da vontade desenfreada de crescer, o empreendedor começar a "atirar para todos os lados". Veja bem, quando se trata de investimento, é preciso preparação e planejamento, lembra? E, dentro desse pacote, a busca por um investidor deve ser focada e de nicho. Por exemplo, meu *core business* (meu principal foco de negócios enquanto investidor-anjo) é varejo e entretenimento. Portanto, espero receber propostas e projetos nessas áreas. Não adianta oferecer uma startup de saúde para quem é do mercado financeiro e investe em *fintech*, por exemplo. As chances de dar certo já reduzem drasticamente. Ou seja, geralmente um investidor escolhe como tese investir em segmentos nos quais tem mais experiência.

Ao longo destes últimos anos, já do outro lado e vestindo também o chapéu de investidor-anjo, milhares de empreendedores passaram a me procurar. Muitos, por meio das redes sociais, fazem comentários nos meus artigos, que publico em colunas em portais e também no Medium. Com alguns, que me chamam atenção, chego a trocar e-mails, conversar por WhatsApp e, se o negócio for de fato interessante, marcar um café ou um Zoom. Na verdade, o que desejo enfatizar aqui é o fato de que o empreendedor deve pesquisar antes de fazer qualquer tipo de abordagem: procurar, por exemplo, a biografia do investidor; segui-lo no LinkedIn; verificar a tese de investimento, olhar o portfólio de empresas em que ele investiu; assim, não há perda de tempo de nenhum lado. Por isso, o investidor deve ter essas informações de maneira pública, sobretudo no seu LinkedIn.

Como já vivi as mais diversas experiências em relação a como receber uma proposta para investimento (algumas inclusive inusitadas), acredito que o ideal seja receber dos empreendedores apenas um resumo, um sumário executivo em uma única folha. Depois, se houver interesse, solicito o resto. Esse sumário deve ter um propósito e objetivos claros, informar possibilidades, o quanto precisa de investimento e por quê, quanto pretende obter de receita estimada (qual, como, em quanto tempo e de onde vem o ganho e a monetização), retorno, público-alvo, concorrentes.

E todas, absolutamente todas as respostas precisam ser verdadeiras – quando o investidor percebe que o empreendedor está mentindo no sentido de aumentar números ou omitir erros, é muito grave e dificilmente a confiança se recupera. O que você, investidor, precisa ter em mente quando receber uma proposta para investir é:

- Oportunidade: qual é o problema que o negócio irá resolver?
- Solução: como o negócio atenderá a essa necessidade?
- Mercado: qual é o perfil do cliente?
- Recursos: de quanto dinheiro precisa e para quê? Além de dinheiro, do que mais precisará?
- Concorrentes: quem são os principais concorrentes diretos e indiretos?
- Inovação: quais são seus diferenciais em relação ao que já existe?
- Time: qual o histórico de cada sócio e principais funções na empresa?

Entretanto, calma, não precisa se desesperar. Tudo isso ficará cada vez mais detalhado. Mais adiante, vou aprofundar todos os pilares fundamentais para que não reste dúvida em relação ao que fazer e como.

Uma dica importante, por ora, é redobrar a sua atenção quanto à postura do empreendedor com você. Infelizmente, alguns saem por aí feito loucos enviando mailing, *inbox* e abordando todo mundo nos eventos. Isso é ruim, afinal, boa parte dos investidores se conhece e comenta sobre oportunidades. Agindo de uma forma desesperada e ansiosa, o empreendedor pode terminar perdendo credibilidade e principalmente atenção, que é a moeda mais valiosa na nova economia.

Investidores bem-sucedidos investem em pessoas e não somente em negócios. Investir, especialmente nos dias de hoje, é investir em capital intangível e, por isso, ter uma boa equipe na startup é fator fundamental para o sucesso da empreitada. O perfil e o capital intelectual do empreendedor fazem toda a diferença no resultado. Investimos em gente.

Ainda bem que temos, no Brasil, uma infinidade de bons empreendedores que optaram por navegar nesse oceano, não só por necessidade, mas por absoluta vocação. Encontramos esses jovens em incubadoras, universidades, espaços *coworkings*, eventos e grupos em redes sociais. Digo sempre aos meus pares e colegas investidores que não somos babás, mas, para a coisa dar certo, é preciso deixar o empreendedor focado no que interessa e nós, de alguma forma, ajudamos a cuidar de todo o resto.

O ESTUDO E A DEDICAÇÃO DOS QUE EVOLUEM

Nesta altura do livro, você pode estar se perguntando: mas como vou me tornar esse investidor preparado, coerente e assertivo? A resposta simples para essa pergunta é: depende da disposição que você tem para estudar, aprender, conectar-se com as pessoas certas e evoluir com seus erros e acertos.

Resiliência e humildade são características fundamentais aos investidores mais preparados e bem-sucedidos mundo afora. Ao contrário do mercado tradicional, em que a postura do "apostador" ou negociador impera, quando se trata de startups, é a colaboração que impera.

Nesse sentido, a primeira coisa que é preciso ter em mente quando se decide entrar no ecossistema é que se deve estar disposto a colaborar e arregaçar as mangas para ajudar as startups nas quais se decidiu investir. É claro que saber o que realmente se quer é essencial para começar. Na prática, isso significa ler muito sobre os assuntos relacionados ao seu nicho de atuação e negócios que pretende investir. É essencial fazer cursos, conversar com outros investidores que já vivenciaram o que você está passando ou irá passar, estar aberto a receber críticas, ajustar a tese e mudar todo o planejamento se preciso.

É mergulhar de cabeça, mesmo, mas com todos os equipamentos necessários para não morrer afogado logo no primeiro mergulho. O que não falta hoje são informações disponíveis e muito conteúdo bom sendo produzido diariamente sobre os mais diversos assuntos. Portanto, estes são os equipamentos: munir-se de informações, investir no desenvolvimento de novas habilidades, dispor-se a fazer o que a maioria não faz. Ações e posturas medianas vão levar a resultados também medianos. Isso é certo. As pessoas que se destacam fizeram por onde. Não tem segredo. Acredite, o seu sucesso é proporcional ao seu esforço e dedicação.

Quer obter novos resultados? Faça coisas diferentes, saia da sua zona de conforto. É justamente por isso que é preciso se mexer, indo em busca de novos desafios. Isso significa procurar oportunidades de crescimento e verificar o que elas exigem para, em seguida, se preparar de maneira adequada. Trata-se de deixar uma suposta segurança de lado e começar a desenvolver ações úteis ao crescimento, livrando-se do medo, da resistência e das desculpas para não investir.

Perceba, ainda, que não há mudança sem aprendizado: é impossível obter uma melhor condição com os mesmos conhecimentos, comportamentos

Acredite,
o seu
sucesso é
proporcional
ao seu
esforço e
dedicação.

e competências. Nessa perspectiva, é fundamental aprender, processo que requer habilidades como motivação, concentração e disciplina – além de exigir disposição e vontade, já que, para aprender, é preciso, antes de tudo, querer. O problema é que nem sempre estamos dispostos a aprender, por diversos motivos, como cansaço, impaciência, má gestão do tempo e até arrogância.

Investir em qualificação significa se preparar de modo contínuo por meio da realização de cursos de diferentes níveis de ensino, participação em palestras, workshops, treinamentos etc., além do consumo de livros como este, artigos e outros materiais relevantes como podcasts, vídeos, lives e por aí vai.

REFERÊNCIA E AUTORIDADE

Independentemente da área em que você atue, no fundo, todos desejam se tornar referência. Ou seja, todos nós queremos nos tornar um modelo a ser seguido pelos demais e deixar um legado. Veja, essa vontade não tem a ver com vaidade, mas com autoridade, ou seja, ser reconhecido como uma pessoa com domínio de determinado assunto ou ofício. Nem preciso dizer que, para conquistar tal status, leva-se tempo. Nenhuma pessoa, por mais genial que seja, se destaca do dia para a noite. Pelo contrário, perceba que, bem provavelmente, as suas referências são pessoas que você acompanha há um bom tempo, que evoluíram nesse período, que mantiveram suas ideias e ideais vivos e alinhados com suas ações e sua essência. No geral, são essas as pessoas que inspiram, pois são aquelas que vivem de verdade o que pregam.

Como investidor em negócios inovadores e startups, aprendi com a prática que, se eu quisesse me tornar um anjo respeitado e admirado, teria que entregar mais do que os outros e desenvolver habilidades essenciais para a atividade.

Aprendi também que não é só colocar dinheiro, mas principalmente meu tempo, inteligência, networking e mentoria à disposição. Ser um mentor, um conselheiro e um cara *skin in the game*: é isso que os empreendedores esperam de um bom investidor.

Então, tornar-se uma referência com autoridade e reconhecimento para tal (pelos outros e não porque você acredita que seja) requer o desenvolvimento de atitudes, posicionamento e alguns pontos de atenção. Elenquei alguns que me foram importantes. Se servir para você, fique à vontade para segui-los:

- Invista e dedique-se a algo que ama verdadeiramente e faça seus olhos brilharem. A gente só se torna bom mesmo no que nos dá prazer em fazer e, consequentemente, faz bem feito;
- Não viva em função de um horário de expediente, mas viva sua vocação integralmente todos os dias da sua vida. Hora tem limite, vender só hora não é escalável;
- Quando você busca a excelência, é preciso passar horas (muitas) se dedicando a desenvolver habilidades em prol de um objetivo. Estimule sua curiosidade, não encare este tipo de tarefa como uma obrigação;
- Produza conteúdos relevantes sobre o tema no qual deseja se tornar uma referência e divulgue-os, é a melhor forma de as pessoas o conhecerem e saberem como você pensa ou sua posição sobre determinados assuntos;
- Pratique, pratique muito. Como bem diz o ditado popular: "a prática leva à perfeição"; portanto, para se tornar bom no que faz, faça com frequência. A teoria sempre vai ajudar, mas nada melhor do que sentir aquele friozinho na barriga de quando algo está prestes a acontecer de verdade. Ensaiar é bom, mas realizar é sensacional;
- Aprenda a ser uma pessoa organizada e disciplinada, que consegue gerir de maneira satisfatória seu tempo. Já viu alguém "perdido" conseguir executar algo grande na vida?
- Se quer ser visto como alguém diferenciado, aja diferente da maioria. Busque meios de ser único naquilo que faz, seja no trato com seu cliente ou na apresentação do seu serviço/produto;
- Os relacionamentos são a base de tudo, portanto, desenvolver sua capacidade de se relacionar bem com sua equipe ou as pessoas a sua volta é fundamental para ser uma referência. Lembre-se de que, assim como você, as pessoas emitem opiniões que constroem ou destroem uma imagem;
- Posicionar-se e defender aquilo em que realmente acredita é primordial nesse processo. E o meio digital é um grande aliado nesse sentido. Se você atua na área de consultoria, por exemplo, pode criar uma estratégia baseada na produção de conteúdo para começar a demarcar seu espaço no mundo virtual e construir sua autoridade perante seu público-alvo;
- Definir claramente seu nicho de atuação é uma excelente maneira de se posicionar no mercado e tornar-se referência no assunto em que você escolheu atuar. Tem muita gente que quer ser especialista em tudo e acaba não se focando em nada;

- Busque criar ideias inovadoras com base sempre no seu conhecimento e seja uma pessoa presente, mesmo que nas redes sociais. A recorrência gera necessidade, seja de um conteúdo ou produto;
- Interaja com seus seguidores. Algumas pessoas, depois que alcançam um número alto de seguidores, param de responder aos comentários ou, simplesmente, ignoram os feedbacks que recebem – positivos ou negativos. Esteja atento ao que falam de você, isso pode ajudá-lo a direcionar sua carreira.

Nos próximos tópicos, vou aprofundar três grandes conquistas que me ajudaram, e muito, a me posicionar como referência no ecossistema empreendedor. São frutos de muita dedicação e respeito por todas as pessoas que já passaram ou estão na minha vida. De maneira muito clara, eu sabia onde queria e podia chegar, e cheguei.

1. LIVROS

Tenho vários livros publicados, alguns na área de vendas e outros mostrando a educação empreendedora na prática dentro de casa, educando três filhos empreendedores. Dois dos meus livros, porém, são best-sellers pela Editora Gente. Assim como este que você está lendo, são voltados para o ecossistema empreendedor, negócios, nova economia e startups.

O primeiro foi Smart Money, em 2018, que ajuda milhares de empreendedores a se prepararem para captar investimento, dinheiro inteligente, e a chamar atenção dos investidores.

O segundo nessa linha foi *O segredo da gestão ágil por trás das empresas valiosas*, em 2019, junto com meu sócio Thiago Oliveira. Ele que mostra o que as médias e grandes empresas precisam adotar para ter uma mentalidade ágil e o que as startups precisam aprender com as grandes empresas para terem mais gestão, controle e governança.

2. BOSSANOVA INVESTIMENTOS

Em 2015, entrei na Bossanova Investimentos, uma casa de investimentos de risco, uma venture capital (VC) que é hoje a mais ativa da América Latina.

Nesses dez anos de existência no mercado, mostramos que é possível investir em startups no estágio pré-*seed* (a primeira camada de investimento, acima do investidor-anjo e antes de um *seed* e das próximas rodadas de investimento).

Quando eu e Pierre Schurmann começamos a operar juntos, em 2015, unimos nosso portfólio, pois desde 2011 eu fazia investimentos profissionais como investidor-anjo. Logo na sequência, em 2016, idealizamos a Bossanova como uma super-anjo, com uma pegada mais humana no formato investimento-anjo. Como? Fazendo conexões e desenvolvendo relacionamentos com os melhores fundadores, investidores e parceiros corporativos. Como cada um desses três atores quer se encontrar e ter relacionamentos uns com os outros, nós nos tornamos a ponte e conexão para isso. Por isso, nos denominamos "empreendedores que investem".

Queríamos também investir em uma lacuna que existia no Brasil, o chamado "próximo cheque", ou seja, logo após a startup passar por uma aceleradora e/ou receber o investimento-anjo, mas antes do *seed*, exatamente no pré-*seed*. Para isso, o ponto de partida seria investir em um número relativamente maior de empreendedores e startups promissoras com cheques menores, entre 100 mil e 500 mil reais, e conseguimos! Ainda assim, sabíamos que boa parte dessas startups iriam falhar em algum momento e que outra parte alcançaria níveis bem interessantes. Em suma, tentamos reduzir o atrito (ou seja, os custos de transação) no ecossistema, fazendo as conexões que são um "multiplicador de força" para as startups.

No final de 2016, após a entrada do Grupo BMG, estruturamos a Bossanova e nos preparamos para o crescimento entre 2016 e 2021. Hoje, em 2025, até o fechamento deste livro, tínhamos registrados 1.700 investimentos em startups (no Brasil e nos Estados Unidos), apenas 8% de *write-offs* (prejuízos) e 127 *exits* (saídas), com uma performance média de 30% ao ano. Isso nos ajuda a entender por que estamos no caminho certo.

Em 2023, a empresa alterou o nome para Bossa Invest, e eu deixei o cargo de CEO para que a gestão fosse profissionalizada, passando para o cargo de CVO (Chief Visionary Officer) para continuar dando o direcionamento e a visão, mantendo a essência da empresa.

Tenho um imenso orgulho de fazer parte do sucesso da Bossa e, principalmente, de ter o privilégio de acompanhar a evolução da empresa, que pode ser considerada também uma startup. Afinal, em menos de seis anos, construímos uma trajetória de crescimento consistente e sólido, como vocês terão acesso adiante.

Qual a diferença entre a Bossanova e os VCs tradicionais? Estes investem cheques (correspondentes ao valor do aporte) maiores e, por isso, fazem aportes em uma quantidade menor de empresas: entre cinco a quinze startups por ano. Na Bossanova, podemos investir cheques menores e, consequentemente, em uma quantidade maior de empresas: mais de cem por ano. Muitos VCs precisam de certa porcentagem em cada empresa e investir mais dinheiro nas empresas que estão indo bem (ou seja, "*pro rata*", no jargão do VC). Nós também optamos e aportamos novamente nas que consideramos *high performers*. Existe uma primeira rodada de investimento, em que, naturalmente, algumas startups vão se destacar em detrimento de outras do portfólio. Quando isso acontece, podemos injetar mais dinheiro nelas, o que chamamos de nova rodada.

Muitos VCs têm uma abordagem de "maior contato" com a empresa pós-investimento. E nós, como investimos em mais empresas, temos uma abordagem de smart money e de comunidade que chamamos de Rede Bossa de Startups. Nessa rede, fazemos uma gestão completa com serviços, eventos, conexões e sinergias. Além disso, temos um sistema chamado Company Metrics, desenvolvido para possibilitar gestão, governança, controles e gerar *reports* para os investidores.

Na prática, nós ganhamos dinheiro quando essas startups têm um "evento de liquidez", que historicamente pode ser via uma aquisição estratégica, um *exit* para um outro fundo ou uma oferta pública de ações na bolsa de valores. Assim, investimos o nosso próprio dinheiro e também o de coinvestidores parceiros. Quando há um evento de liquidez, ficamos com o lucro – sendo que, quando há outros investidores coinvestindo conosco e liderados por nós, eles recebem 80% do lucro, e nós, 20%.

Nossa abordagem não é "melhor" nem "pior" que a de outros CVs, pois somos complementares em estágios diferentes. Procuramos trabalhar com mais startups que agregam valor de maneiras diferentes para os próximos estágios, inclusive na questão da *valuation*. Nosso modelo de negócio é diferente e, por isso, acreditamos que podemos fazer retornos "de risco" consistentes a médio prazo para nossos investidores. Além disso, nossos resultados anuais têm mostrado performances cada vez melhores.

Nossa escolha e nosso posicionamento são baseados no que acreditamos como mercado de opções, ou seja, investimentos no começo da vida. Dessa forma, temos opção de fazer ou não as novas rodadas de investimento e *follow on*.

Muita coisa nova está acontecendo neste momento no mercado e, certamente, a Bossa Invest estará liderando esse movimento.

Deseja conhecer melhor a Bossa Invest ou enviar uma startup para avaliação? Acesse bossainvest.com ou aponte a câmera de seu celular para o QR Code ao lado.

3. PROGRAMA *O ANJO INVESTIDOR*

Veja como o mundo dá voltas! Dez anos depois do não que recebi e que mudou minha trajetória, lancei, no final de 2019, o *reality show O anjo investidor*, do qual era apresentador.

Em busca de startups que pudessem se tornar grandes empresas, meu objetivo era identificar ideias e pessoas incríveis, gente engajada e pronta para fazer um mundo melhor. *O anjo investidor* foi um *reality show* transmitido pela RedeTV! e pela Jovem Pan focado na nova economia, nas startups e no investimento-anjo com o propósito de ajudar as pessoas no desenvolvimento do seu negócio: um *reality show* a favor do empreendedor – onde ele é o protagonista de verdade e que mostra a realidade dentro e fora das empresas, tudo isso com muita emoção, inspiração e desafios.

Os episódios têm como objetivo motivar o público a investir em seus sonhos por meio de histórias *reais* de empreendedores. E, pela primeira vez no Brasil, um *pool* de investidores entra no jogo e disponibiliza cheques para aportar nas escolhidas. No *reality show*, as startups ainda podiam contar com uma mentoria qualificada da nossa rede de anjos mentores formada por dezesseis dos maiores especialistas em todos os ramos do mercado atual sobre os pontos positivos e negativos de seu modelo de negócio smart money.

Desde o primeiro episódio, que foi ao ar em novembro de 2019, a ideia do *reality* era mostrar, pelas histórias dos empreendedores, as emoções de suas vidas familiares e profissionais, sua equipe, seus sonhos e o motivo pelo qual eles precisam e devem receber um investimento-anjo. É o passo a passo de quem sabe como funciona, na prática e nos bastidores, todo esse processo de análise e decisão. Mostra a realidade dentro e fora das empresas e a busca pelo tão esperado investimento. Minha expectativa é que o sistema eduque não somente os empreendedores, mas também empresários e o público a fazer investimento em startups.

Diferente de outros *realities*, em *O anjo investidor*, as empresas não competem entre si. Não é uma competição, é um *reality show* misturado com documentário, que mostra como o ecossistema empreendedor funciona na prática. Um *reality* diferente, em que a única proposta é investir nas empresas brasileiras.

Além desse programa, que hoje não tem novas temporadas, lancei outros dois: o #SmartMoney, em 2025, na BM&C News, para mentoria de empresários; e o #Pivotando, em 2023, na SBT News, em que entrevisto empreendedores e influenciadores.

Ficou curioso? Assista ao *reality show O anjo investidor*. Acesse youtube.com/oanjoinvestidor ou aponte a câmera de seu celular para o QR Code.

4. SÉRIE DE VÍDEOS E PODCAST

Mantenho também dois programas com o Primo Rico: um em formato de vídeo e um podcast, ambos voltados para a comunidade de empreendedores e investidores.

Na série de vídeos, no YouTube, recebemos pitch de startups que buscam investimentos. Já no podcast, o PrimoCast, entrevistamos startups que já conseguiram investimento e estão trilhando com sucesso uma jornada de crescimento exponencial.

Confira a playlist Primo Startups. Acesse joaokepler.com.br/primo-startups-no-youtube ou aponte a câmera de seu celular para o QR Code.

Confira o podcast PrimoCast no Spotify. Acesse joaokepler.com.br/primocast ou aponte a câmera de seu celular para o QR Code.

O fato é que eu não parei de produzir e de entregar. A Bossa Invest, os livros, o *reality show*, o conteúdo em parceria com o Primo Rico, tudo converge para me dar ainda mais respaldo e motivação para continuar. Continuo, sim, depois de tantos anos, com o mesmo entusiasmo e vontade de fazer a diferença na vida dos empreendedores que cruzam meu caminho, seja em uma palestra, livros, mentoria, investimentos ou meu programa de TV.

CONTINUO SENDO INVESTIDOR-ANJO

Mas por que continuar investindo na pessoa física se a Bossa Invest também investe no estágio inicial? Simples: porque existem startups fora da tese de Bossa e são negócios pelos quais me "apaixono" por algum motivo, principalmente, devido ao problema que resolve. Isso me deixa ativo e muito perto do conceito e definição original do que venha a ser um investidor-anjo, segundo a entidade Anjos do Brasil: "O investimento-anjo é o investimento efetuado por pessoas físicas com capital próprio em empresas nascentes com alto potencial de crescimento (as startups)".[4]

Quem pode me credenciar como um bom investidor-anjo? Não só a comunidade e os empreendedores que de alguma forma continuam sendo impactados pelo meu trabalho, mas, sobretudo, os fundadores das startups nas quais investi.

Toda essa experiência e ensinamentos me credenciam a ser um empreendedor que investe, um anjo investidor (no meu conceito). Continuar sendo investidor-anjo é o meu combustível aditivado para trabalhar ainda mais em prol da comunidade, continuar colaborando com o mercado e fazer o que mais gosto na vida: investir em gente.

4 O QUE é um investidor anjo. **Anjos do Brasil,** [s.d.]. Disponível em: www.anjosdobrasil.net/o-que-eacute-um-investidor-anjo.html. Acesso em: 5 mar. 2021.

parte 2

Investidor: o uso inteligente do seu dinheiro

capítulo 3

Dinheiro não aceita desaforo

Logo de cara, vou fazer uma afirmação que vai nortear a linha de raciocínio que vamos seguir nas próximas páginas: seu dinheiro precisa ser respeitado. Este é o princípio básico para ter uma vida financeira saudável. E o conceito precisa ser levado a sério até nos pequenos gastos. Aliás, é justamente nas pequenas contas e aquisições que as pessoas se perdem por falta de controle.

Em diferentes momentos da minha vida, já abordei em publicações e palestras o perigo do "consumo por status", do "risco da ruína" e outras questões que levam ao "mau uso do dinheiro". A questão central é que as pessoas não entendem por que não "sobra dinheiro". Porém, não tratam o assunto com o devido respeito. O que isso quer dizer? Que pessoas bem-sucedidas e, em especial, investidores não se importam com a modalidade a qual direcionam seus investimentos, colocam a gestão da sua vida financeira em primeiro plano e evitam desperdícios.

O perigo de negligenciar pequenos compromissos financeiros é que isso compromete, de pouco em pouco, seu orçamento sem que você sequer perceba. Na caça às "grandes despesas", você não se dá conta de que a soma das pequenas torna-se um grande problema e a coisa vai virando um monstro incontrolável. Eu considero que esse grupo tem o perfil de negligente.

Existe ainda um outro grupo, que classifico como imprudente. Viver é importante, mas não a todo custo. Algumas pessoas, na ânsia de fazer o máximo hoje, acabam entrando em problemas financeiros sérios. Sim, você merece ser feliz e comprar o que deseja, mas saber aproveitar a vida é fundamental. Por mais dura que essa frase seja, a verdade é que quem tem apenas dívidas e status, na verdade, não tem nada.

Acredite, é possível aproveitar a vida sem estourar todos os seus cartões, zerar seus investimentos e se endividar para isso. E a primeira dica nesse sentido é bem simples: viva para você e não para os outros. More onde você possa pagar, tenha o carro que lhe dê prazer em ter, não preocupações para manter. Vista-se conforme seu estilo, mas saiba que há marcas para todo tipo de bolso – não precisa se endividar para chamar atenção de ninguém. A melhor roupa é aquela que o deixa seguro de si, das suas capacidades e autonomia. Enfim, como diz o autor líbano-estadunidense Nassim Taleb, cuidado com o risco da ruína.

E por que digo isso? Porque agora vamos falar sobre dinheiro, investimento em startups, e a primeira certeza é que ele não aceita desaforo! Dinheiro mal empregado só traz retornos negativos, daí a importância de valorizá-lo e entender onde colocá-lo. Você conhece pessoas com altos rendimentos ou salários que, incrivelmente, estão quase o tempo todo sem dinheiro... O que explicaria isso? Por outro lado, existe gente que tem salários mais modestos e são prósperas... Quais as razões para isso?

Nesse sentido, a primeira dica é: só invista o dinheiro que não vai precisar pelos próximos dez anos.

POR QUE SER UM INVESTIDOR-ANJO?

Se você leu até aqui e já entendeu as características do segmento, fundamentos desse tipo de investimento e quem são os investidores de startups, entenda que existe alguns sensos comuns entre os investidores para investir seu capital:

- Para aprender;
- Para usar a sua expertise para investir em negócios inovadores;
- Para diversificar sua carteira de investimentos, ter um alto risco, mas com um alto potencial de retorno;
- Para aplicar o smart money;
- Para contribuir com o crescimento e o desenvolvimento econômico do país e para alinhar capital e propósito.

QUEM SÃO OS INVESTIDORES-ANJO?

São pessoas físicas que já tiveram sucesso em negócios anteriores e agora investem em empresas em fase inicial, tanto financeiramente quanto com orientações e aperfeiçoamento dos produtos ou serviços do novo projeto. O que eles querem?

- Retornos financeiros acima da média;
- Gerar nova atividade econômica;
- Fazer acontecer;
- Arriscar;
- Ter um novo direcionamento;
- Se envolver no ecossistema.

COMO SE TORNAR UM INVESTIDOR DE STARTUP?

Quando tomei a decisão de mudar a minha vida, assim como você, que está com este livro em mãos, eu me fiz diversas vezes a pergunta: "Como ser um investidor de sucesso?". Para ter objetividade e entender, de maneira prática, como alcançar a minha meta, primeiramente organizei o que teria que fazer. Dessa forma, notei que os primeiros passos eu já havia caminhado: perdi o medo de tentar, decidi ter qualidade de vida e comecei a sair da zona de conforto na qual me encontrava naquela época, entre outras mudanças que compartilhei com você no começo do livro.

Depois de tomada essa decisão, quais mudanças implementei no meu dia a dia para ser um investidor de sucesso? O primeiro ponto é que sempre tive em mente: tenho um objetivo e vou alcançá-lo. Então, a partir disso, eu sabia que precisaria me preparar para fazer boas escolhas. As decisões corretas seriam a ponte que eu precisava nesta travessia até o outro lado.

Assim, além de me colocar o novo desafio de guardar dinheiro para investir, passei a acompanhar mais de perto o mercado. Busquei me informar melhor sobre o que estava acontecendo e comecei a viver, literalmente, o ecossistema empreendedor. Se eu desejava fazer parte dele deveria, no mínimo, dominar os assuntos, saber me portar e conduzir as situações que se apresentavam. De novo, eu sabia o que queria conquistar, então, precisava me destacar e ser coerente, não afoito ou incompreensível. Dentro desse processo inicial de aprendizado, sempre confiei muito na minha percepção de mercado e intuição.

Quando se trata de investimento, tanto os empreendedores quanto os investidores precisam estar cientes dos seus respectivos papéis e responsabilidades, afinal, dinheiro por dinheiro já não faz mais sentido no atual cenário e amadurecimento que vivemos do ecossistema empreendedor no Brasil. O que quero dizer é o seguinte: fazer o aporte deve implicar também compartilhar suas experiências, sua visão de mercado e seu conhecimento. É assim que um investidor-anjo deve se portar, oferecendo as suas investidas mais do que seu dinheiro; também seus aprendizados e sua rede de relacionamento, o smart money, aumentando significativamente as chances de sucesso da startup na qual está investindo.

Em troca do investimento, o investidor pode receber uma participação societária, uma opção de conversão futura sempre de modo minoritário do negócio. E é importante esclarecer que não ocupa posição executiva na empresa investida, mas ajuda a abrir portas, orienta no processo de crescimento do negócio e auxilia o empreendedor a não cometer erros que ele mesmo fez no passado, por exemplo.

No geral, anjos investem em setores que conhecem porque isso os ajudam na avaliação do negócio, assim como na hora de orientar o empreendedor, o que faz total sentido. E para quem ainda porventura não saiba, o nome "anjo" é uma referência aos patrocinadores que bancavam peças teatrais na Broadway e ganharam esse apelido na década de 1990.

O fato é que, quando falo em maturidade do ecossistema, me refiro à questão de que, no Brasil, a figura do investidor está cada vez mais presente e o apoio às startups tem se tornado uma tendência crescente. E, por mais que exista o sentimento de fazer parte e ajudar a colocar no mercado novas soluções, não se trata de filantropia. Portanto, vou apresentar agora as formas existentes para que um investidor obtenha retorno financeiro.

Em um retorno mensal na forma de, por exemplo, pagamentos de juros ou dividendos mais imediatos, você, como investidor de startups, precisa pensar no longo prazo e no equity, entender que o objetivo deve ser maior, assim como o retorno. Em média, os retornos levam de quatro a cinco anos para serem concretizados.

Além disso, basicamente há três formas de você ser remunerado ao investir em startups:

- Aquisição: que representa uma venda da empresa investida para uma companhia maior;

- Venda de sua opção para outro fundo ou investidor;
- IPO: que significa uma abertura de capital em uma bolsa de valores.

É claro que, para o investidor, as três opções são interessantes. Entretanto, o que realmente todos almejam, e talvez seja o cenário mais provável, é o primeiro: uma venda (aquisição). Se a startup conseguir crescer e conquistar um mercado significativo, ela pode ficar interessante para uma companhia maior. Quando negociam uma venda para essa companhia, os sócios da empresa geralmente lucram de modo substancial. Isso acontece muito em empresas de tecnologia que criam soluções que podem ser incorporadas por empresas maiores. É um caminho estratégico que pode ser desenhado pelo empreendedor e pelo anjo, por exemplo.

E, aí, tem o detalhe que faz esse investimento tão atrativo: quando você investe em uma startup nos estágios iniciais, também tem a possibilidade de realizar essa saída com um grande retorno financeiro, por ter entrado na empresa antes de ela crescer e se tornar "mais cara". E, como eu já adiantei, mas nunca é demais lembrar, o retorno ao investir em uma startup é de longo prazo, baixa liquidez e alto risco. Contudo, o objetivo de um investimento em uma startup é realizar grandes ganhos de capital nesse longo prazo, por isso a importância da mentalidade equity. A ideia é comprar uma parte da startup quando ela ainda está enxuta e começando a escalar e, no futuro, conseguir vender sua parte depois de a empresa se transformar em um negócio consolidado e promissor. Por isso, é preciso saber "escolher" – e escolher não significa apostar no escuro, pelo contrário. Por fim, para quem está acostumado a obter retornos por volta de 10%, 12%, 15% ao ano em investimentos tidos como tradicionais, para se ter uma ideia, quando uma startup alcança o que descrevi acima e se torna um *case* de sucesso, você pode conseguir um retorno de dez vezes, quinze vezes o investido inicialmente (dependendo da saída) – ou até mais. É só fazer as contas com qualquer valor para ver como esse tipo de investimento é atrativo.

Os primeiros investimentos que fiz foram como anjo e por conta própria. Todos os comandos partiriam da minha visão de mercado, assim como das técnicas que eu desenvolveria a partir das análises que realizava ou até mesmo dos prejuízos que tive. Ou seja, me arrisco a dizer que, para entender como ser um investidor de sucesso, é necessário se autoconhecer. Saber, por exemplo, com qual modalidade do mercado financeiro você mais se identifica é a tarefa de casa básica. No meu caso, me apaixonei por startups, mas é claro que existem inúmeras opções de investimento alternativos no mercado. Então, nesse sentido, você precisa saber o que realmente o atrai e, principalmente, por quê.

Nos últimos anos, alguns novos investimentos começaram a fazer parte da vida dos mais diversos tipos de investidores. As pessoas estão finalmente percebendo outros instrumentos financeiros que trazem retornos muito melhores do que a renda fixa, por exemplo. Para se ter uma ideia da representatividade, nunca tivemos tantos investidores de renda variável na bolsa de valores como temos hoje: mais de 3 milhões.[5] Isso vem muito por conta da democratização da informação, da nova economia e da educação financeira popular promovida por vários especialistas. Esse crescimento não é apenas um fenômeno isolado, é uma tendência de crescimento no número de pessoas físicas, também em outros produtos, não só em bolsa.

O fato é que, de conservador a arrojado, antes de colocar seu dinheiro em qualquer investimento é preciso ter total consciência das suas escolhas e se preparar para elas. Não é vender um bem como casa ou carro para investir em uma "oportunidade única". Inclusive, cuidado com esses negócios que prometem exclusividade e retornos muito acima da média! Saber investir tem a ver com organização e gestão pessoal.

Jamais se comprometa com investimentos que estão além da sua realidade. Um investimento bom e consciente é aquele que "se paga" e que esteja dentro do montante que você reservou para a finalidade. Não importa o valor, mas a consciência de que é preciso fazer sobrar, não importa a quantia que for, para poder começar. Se não consegue reservar 5% ou 10% do seu capital para startups agora, inicie com 1% e vá aumentando aos poucos. Como você verá à frente, existem várias formas de ingressar como investidor em startups.

A educação financeira permite analisar com cautela toda e qualquer oportunidade. Com o tempo e a prática, você vai ficando cada vez mais afiado e intuitivo. Então, guarde o que puder e procure conhecimento. Entender o que você quer e como funcionam as opções do mercado o levará naturalmente à melhor escolha. E, por mais conservador que você seja, é possível conseguir uma boa renda e ser o investidor de sucesso que tanto almeja.

5 TORRES, F. O que os dados da B3 sobre pessoas físicas na bolsa revelam. **Valor Investe**, 21 maio 2020. Disponível em: valorinveste.globo.com/blogs/fernando-torres/post/2020/05/o-que-os-dados-da-b3-sobre-pessoas-fisicas-na-bolsa-revelam.ghtml. Acesso em: 2 mar. 2021.

Além disso, ao contrário do que muitos ainda pensam, você não precisa esperar juntar um alto montante para investir em startups. Lá atrás, eu busquei informações sobre as opções que eu tinha e decidi por onde começar. Aprendi, com o tempo, que diversificar é muito importante para conseguir bons retornos. Todavia, lembre-se de que investir envolve consistência. Ainda vamos aprofundar esses pontos quando formos falar de fundos e associações.

Lembre-se ainda de que, quando se trata de investimento em startups, principalmente, nada acontece de hoje para amanhã e, para saber como ser um investidor de sucesso, é preciso ter paciência. Inicie, então, de maneira simples; dê passos certeiros, aprenda sobre suas primeiras opções e avance somente quando se sentir preparado. Neste contexto, disciplina e conhecimento são as palavras de ordem. Afinal, manter o autocontrole na hora de investir é essencial, e ele se dá sobretudo quando você domina a técnica e desenvolve estratégias que indicarão por onde seguir e quando e como investir. Com uma boa estratégia, você evitará agir por impulso em situações mais delicadas ou de euforia. Ter um plano o ajudará em todos esses momentos, assim como a proteger o seu dinheiro ao controlar o risco das ordens, minimizando possíveis perdas. Lembra a tese de investimento que já foi citada nos primeiros capítulos? Desenvolva a sua e nunca abra mão dela, uma vez definida. É ela que lhe indicará onde entrar ou não.

E não tenha vergonha de perguntar ou pedir ajuda para quem já está habituado a esse universo. Todos os investidores, independentemente da posição na qual estejam hoje, começaram do zero. Busque pessoas que já alcançaram sucesso na área, espelhe-se nelas e aprenda com o que elas têm a dizer. Afinal, com a experiência de quem já trilhou esse caminho, você evitará cometer erros que possam prejudicá-lo. Faça isso e tenha uma jornada bem mais eficaz nos seus investimentos.

Para começar, fique atento para aprender a evitar, com este livro, os seguintes erros na sua trajetória de investidor de startup:

- Não ter uma tese de investimento definida e investir em negócios sobre os quais não tem o menor conhecimento;
- Não garantir a segurança do seu patrimônio principal;
- Não estar preparado para imprevistos e prejuízos; eles também fazem parte do processo;
- Não estar consciente e buscar um retorno extraordinário em tempo recorde; isso não existe;

- Não compreender que as especulações sempre vão existir;
- Não realizar com periodicidade o acompanhamento dos seus investimentos;
- Não comparar aplicações e instituições, pois é necessário fazer sempre escolhas conscientes;
- Não diversificar sua carteira de investimentos.

Infelizmente, muitas pessoas consideram-se investidoras só por ter dinheiro investido na bolsa de valores, em startups ou outros títulos, mas não o são. Fórmulas mágicas para ganhar dinheiro fácil sem trabalho nenhum não existem, e recomendo fortemente desconfiar de quem lhe disser o contrário. No entanto, é totalmente viável ter disciplina para se tornar um investidor de verdade em vez de um mero especulador do mercado. Segundo André Massaro, "a origem etimológica da palavra 'especular' é associada com 'contemplar algo à distância' ou, no mundo das ciências, 'formular hipóteses em situações de grande incerteza'. [...] Já investir é, na definição 'de dicionário', *empregar capitais com o objetivo de auferir lucro*. Se você coloca um real em alguma coisa e espera obter dois reais, você é um investidor. Simples assim".[6]

Dedique tempo a colher informações, note que hoje em dia o que não faltam são dados disponíveis sobre qualquer instituição financeira. Existem ainda muitos cursos, alguns deles gratuitos. É importante que, nessa busca por informações, você procure esclarecer sobretudo os riscos, custos e perspectivas de rentabilidade dos produtos nos quais pensa em investir. Tire todas as dúvidas antes de decidir onde aplicar seu dinheiro.

Sempre procuro alertar, em minhas reflexões, para uma questão que, a meu ver, é primordial para fazer qualquer negócio "dar certo". Muitos empreendedores ainda acham, erroneamente, que, assim que tiram sua ideia do papel, já precisam – quase que de maneira imediata – buscar pelo investimento de anjos, aceleradoras, fundos. Entretanto, não é bem assim, ou pelo menos não é bem assim que deveria ser. Defendo a ideia de que, antes de sair para a rua buscando investimento, a startup precisa buscar clientes para validar seu negócio. O melhor dinheiro sempre será o do cliente.

Essa é, e sempre foi, a base da minha tese de investimento. Qualquer empresa precisa conseguir, antes de crescer e pensar em escalar, "provar" que seu produto ou serviço realmente tem público/cliente, encontrar

6 MASSARO, A. O investidor, o especulador e o *trader*. **André Massaro**, 20 dez. 2019. Disponível em: www.andremassaro.com.br/investidor-especulador-trader/. Acesso em: 2 mar. 2021.

o *problem-solution fit*. Essa é, inclusive, a melhor forma de, num segundo momento, buscar investidores que poderão analisar números e vendas reais para tomar a decisão de entrar ou não.

Ter uma empresa que consiga alcançar o *breakeven* ou, pelo menos, que esteja caminhando para isso com dinheiro de clientes é um dos maiores indicativos de que o negócio está bem estruturado e que conseguirá expandir em larga escala quando um montante maior entrar.

Olhando por dentro do negócio: aprofunde a análise da oportunidade muito além do contato inicial, para levantar o histórico dos fundadores, passivos trabalhistas e tributários, *benchmark* competitivo,[7] experimentos de tração[8] e fundamentos financeiros.

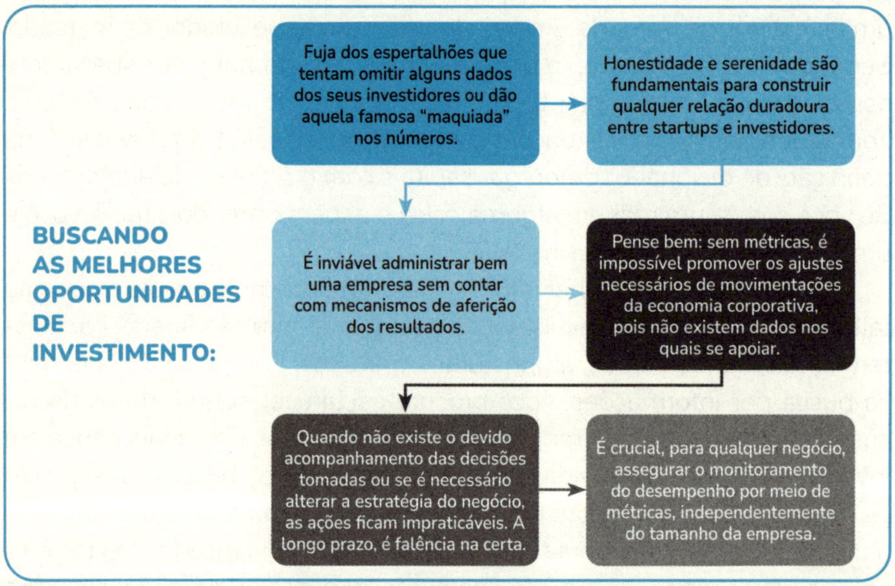

DEZ COISAS QUE VOCÊ PRECISA SABER ANTES DE INVESTIR EM UMA STARTUP

Vou começar com uma "provocação": você saberia me dizer por que não investir em startups? Isso mesmo, você não leu errado. De certa forma, é relativamente fácil destacar pontos positivos que nos motivam a tomar algumas decisões, por isso vou ajudá-lo com esta primeira reflexão. Vamos aos pontos:

7 Uma análise estratégica praticada no mercado pelas empresas que buscam referências relacionadas às melhores práticas e competências de outras empresas que atuem no mesmo setor.

8 Quando nos referimos a tração, estamos sempre falando do crescimento do negócio.

- Primeiro: não preciso lembrar que é um investimento de alto risco;
- Segundo: demora, em média, de seis a oito anos para ter alguma possibilidade de saída;
- Terceiro: dificilmente você terá algum dividendo no período;
- Quarto: você precisa investir em pelo menos dez negócios para ter alguma chance de retorno sobre o investimento realizado;
- Quinto: Você tem que ajudar a startup a crescer para aumentar o *valuation* e seu IRR anual.

Esses cinco motivos são apenas parte da resposta para justificar por que não investir em startups.

Além disso, destaco também que a seleção das startups é fundamental. A escolha inicial deve partir de um filtro, o que chamamos de *tese*. Nela, você determina em qual segmento estaria disposto a entrar, qual o modelo de negócios, qual o valor máximo para investir, qual o estágio do negócio, que tipo de empreendedores, entre outros pontos que precisam ser levados em consideração. Principalmente, deve ter claro no que *não* quer investir.

Após isso, em relação às que passaram pela tese, você deve buscar referências, opiniões, pesquisar, verificar a validação e, na sequência, negociar com os empreendedores fundadores o *valuation* do negócio, participação, modelo de contrato e etc. Ou seja, é um trabalho que merece muita atenção, tempo e cuidados.

Mas, mesmo assim, se você insiste em investir em startups, preciso mostrar mais alguns requisitos para esse tipo de investimento:

- Gostar de gente;
- Ter tempo para se relacionar;
- Fazer mentoria;
- Entender e acompanhar KPIs;
- Não pressionar, mas colaborar;
- Não ser ansioso;
- Não se arrepender no meio do caminho;
- Ser acessível e flexível para os empreendedores;
- Pensar em estratégias e parcerias para o negócio;
- Lidar com empreendedores *uncoachable* (ou seja, que não podem ser treinados).

Viu como não é fácil? Sim, é preciso se qualificar para fazer esse tipo de investimento. Não se trata apenas de colocar seu dinheiro e voltar um tempo depois para ver no que deu. É um exercício de paciência que requer muita experiência e dedicação.

Não quero desestimular ninguém, muito pelo contrário! Mas sei o quanto é importante ser realista e mostrar os prós e contras. As informações que listei aqui nem sempre são mencionadas, e é aí que mora o problema na maioria das vezes.

Se vai mesmo investir, meu conselho é: retire uma pequena parte da sua reserva financeira para startups. Isso não é um jogo de *all-win*, ou seja, não aposte tudo que tem nesse tipo de operação. Esteja ciente de que você pode perder todo o dinheiro que investiu, faz parte e, se você topa entrar, precisa ter consciência disso.

Colocar seu dinheiro em startups é trabalhar em conjunto, compartilhar para somar. Cada vez mais, as pessoas estão despertando para novas alternativas de investimento e, apesar do alto potencial de retorno chamar atenção, as startups não são a alternativa mais "fácil" para ganhar dinheiro.

E, por último, e tão importante quanto: opte sempre por fazer parte de um grupo de investidores ou siga algum investidor que admira e em quem confia. Ao fazer isso, você diminui suas chances de errar, pois grupos que são sólidos e estruturados criam critérios e uma lógica para avaliar startups, sem contar que cuidam de questões burocráticas e, claro, são mais cabeças pensantes e mais experiência envolvida no processo como um todo.

POR QUE INVESTIR EM STARTUPS?

Apesar do risco e do longo prazo, o capital intangível tem muito mais valor hoje do que o tangível. Apesar do ciclo e da jornada de uma startup (do zero ao bilhão) ser, em média, oito anos (a exemplo de 99, Gympass, Nubank, Stone, Uber e Zoom, entre muitas outras), ainda assim, o retorno e o múltiplo do capital investido tendem a ser bastante atrativos, se você souber filtrar pela tese, escolher com técnica, prudência, controle e muita paciência.

Startups são negócios de alta aderência a conexões, integrações, adaptações ao mercado, de baixo endividamento, baixo custo e alta performance. Além disso, costumam saber lidar com equipes reduzidas e orçamento mensal enxuto. Há, ainda, outras características e fundamentos, como:

- Menor competição, considerando especificidades dos serviços e das empresas de base tecnológica;
- Ambiente da nova economia e evolução social;
- Taxa Selic a 15% (até o fechamento deste livro);

- O Brasil já tem 22 unicórnios;[9]
- O Brasil já tem centenas de M&As, *exits* e IPOs de startups;
- O ambiente de startups se consolidou;
- O ecossistema está mais preparado;
- As startups possuem negócios mais resilientes em momentos de incertezas;
- Ativos de capital intangível tendem a apresentar performance melhor;
- Menor competição, como é o caso de algumas soluções criadas para resolver problemas extremamente pontuais e específicos. Como são tecnológicas, não existe tanta competição, dependendo do setor;
- Disseminação da cultura de uso em detrimento da posse, tanto no segmento corporativo como de pessoa física. Isso está relacionado à valorização do intangível; antes as empresas tinham que ter um escritório, por exemplo, e hoje em dia, não mais;
- Baixo endividamento, baixo custo e alta performance;
- Alta aderência a conexões, integrações, adaptações ao mercado;
- Modelos de negócios enxutos, digitais e escaláveis;
- Já adaptadas a trabalhar *everywhere*;
- Promovem o impacto social.

Por que investir em startups, então? Por tudo isso que acabo de comentar e argumentar e porque agora é hora de investir em negócios inovadores que resolvem problemas existentes e urgentes.

Além disso, as startups já se consolidaram como empresas seguras, de impacto social e, obviamente, opção mais tangível de investimento. Vale, porém, um *disclaimer* importante aqui: não sou analista de investimentos nem acadêmico. As análises que apresentei refletem a minha opinião e não são garantia de retorno futuro. Esses tipos de investimentos envolvem altos riscos e variam de caso a caso, sendo que a rentabilidade passada não representa garantia de rentabilidade futura e pode ensejar perdas, inclusive da totalidade do capital investido. Antes de investir procure entender também as regras e regulamentos da Comissão de Valores Mobiliários do Brasil (CVM).

E ainda, antes de tomar a decisão, pense no longo prazo: quais empresas vão prosperar no futuro? As empresas que farão sucesso daqui a cinco, dez ou vinte anos estão sendo criadas hoje. Há mais de dez anos, WhatsApp e Airbnb eram palavras inexistentes. Tecnologias e inovações

9 BELTRAO, A. Startups unicórnio brasileiras: o que é e lista completa. Distrito. Disponível em: distrito.me/blog/lista-dos-unicornios-brasileiros. Acesso em: 30 set. 2025.

que facilitam a vida das pessoas tendem a dar certo nos dias de hoje. E quem protagoniza essas inovações são, essencialmente, as pequenas empresas que oferecem investimento baixo com grande potencial a longo prazo.

Os investidores de startups e empresas em expansão muitas vezes têm como objetivo final de médio e longo prazo a venda da empresa (saída ou *exit*) após um crescimento significativo, o que potencialmente gerará um excelente lucro na venda de sua participação (equity). E os fundos de investimento de capital de risco são potenciais compradores dessas participações. Esse setor também vem apresentando crescimento expressivo.

Nesse sentido, os investimentos tradicionais tenderão a perder um pouco de apelo. Por isso, construir o próprio portfólio de startups é uma ótima maneira de começar a diversificar seus investimentos. Note que o cenário é altamente favorável para um tipo interessante deles: startups ou pequenas empresas. É que, diferente das grandes corporações, que, por conta do tamanho, não conseguem se movimentar com tanta facilidade, as pequenas são mais ágeis e podem apresentar crescimento acima da média.

Em tempos de crise, muitas pessoas acabam, por medo ou desinformação, optando por se retrair e não percebem que é justamente em momentos assim que boas oportunidades podem aparecer, em especial quando o assunto é investimento. E acredito, de acordo com minhas observações e pesquisas recentes a que tive acesso, realizadas pelas entidades ligadas ao investimento-anjo no Brasil, que a pré-disposição em investir em startups não se alterou nos últimos anos. Ou seja, a crise em função do coronavírus não impactou a decisão de investir em bons negócios.

O mercado mundial já passou por diversas crises, e as startups se mostraram resistentes e resilientes graças ao seu crescimento exponencial e a melhores retornos pós-crises. Apesar da crise global causada pelo novo coronavírus não ter precedentes, observamos, ao longo da história, que diversas grandes empresas de hoje foram criadas nos moldes das startups em momentos de pura adversidade. Foi durante crises que surgiram ideias incríveis como as startups Uber, Zoom e tantas outras. Porque é bem nesses momentos que empreendedores incomodados e insatisfeitos enxergam as oportunidades e desenvolvem alternativas e soluções para os problemas iminentes.

Startups estão acostumadas a momentos de extrema incerteza. Os empreendedores brasileiros são resilientes, desenvolvem modelos de negócios enxutos, digitais e escaláveis, trabalham em espaços colaborativos e home office – em tese, fazem muito com muito pouco. Por isso, o impacto das mudanças e o reflexo da crise costumam ser bem menores nessas empresas.

Temos uma grande safra de empreendedores no Brasil, temos startups bilionárias, somos o quinto mercado global em tecnologia. Governo, Legislativo, academias, entidades e grandes empresas definitivamente entendem a importância das startups. É por isso também que invisto nelas.

ONDE ACHAR STARTUPS? (*DEAL FLOW*)

- Participe de eventos, apresente-se, troque contato e nunca pare de aumentar suas conexões;
- Networking é fundamental em qualquer ecossistema, então marque almoços, cafés, saia do seu escritório;
- Faça parte de grupos, que podem ser virtuais ou não, e seja ativo para que as pessoas possam te ver. Chegar mudo e sair calado não fará de você uma pessoa reconhecida por ninguém, nem como participante daquele grupo;
- Busque conhecer melhor alguns fundos de investimento e a se relacionar com outros investidores;
- Se possível, passe a se colocar à disposição de organizadores de eventos para que você possa participar de bancas avaliadoras ou mentorias em eventos de empreendedorismo;
- Esteja disponível e seja solícito quando for acionado.

INVESTINDO EM GENTE E DESVIANDO DAS ANTAS

Quando uma empresa deseja contratar um profissional, ela abre um processo e lista uma série de requisitos para preencher aquela vaga de maneira satisfatória. Pensando de uma forma simples e prática, quando um investidor resolve colocar seu dinheiro em uma startup, ele faz exatamente a mesma coisa, com base no que chamamos de tese de investimento (que vou aprofundar adiante). Nela, você define em que estágio o negócio precisa estar, checa quem são as pessoas por trás e por aí vai – cada um define o que é indispensável para investir.

Geralmente, as pessoas com mais resultados e performance são as mais premiadas e elogiadas, mas, no entanto, e apesar disso, eu prefiro trabalhar e me relacionar com as mais confiáveis. Claro que se tiver altos resultados e alta confiabilidade, temos a combinação perfeita, mas até aceito o baixo ou médio resultado, desde que a empresa seja de alta confiança.

A minha justificativa para tal afirmação é simples: pessoas não confiáveis com alta performance geralmente são tóxicas, não são humildes,

As empresas que farão sucesso daqui a cinco, dez ou vinte anos estão sendo criadas hoje.

não são empáticas e não sabem conviver em um grupo diverso. Além disso, odeio ser "refém" de gente assim. O mundo das startups trouxe não apenas o compartilhamento de serviços e ideias, mas também a possibilidade de cada um escolher onde e com quem deseja trabalhar. E essa reflexão é totalmente válida, afinal, desenvolver bons relacionamentos é premissa básica para realizar bons negócios.

Dentro desse contexto, cabe a pergunta: em que tipo de empreendedor você quer apostar? Prepotente ou disposto a aprender e evoluir? Bem-intencionado ou que prefere não perder a chance de fazer um negócio, custe o que custar? O resultado só aparece quando as pessoas certas fazem a diferença.

E como identificar o momento e, principalmente, fazer as escolhas certas? Primeiro ponto: quando atrelamos empreendedorismo às startups, é preciso desmistificar a ideia de que são empresas de jovens que tiveram uma grande ideia e, a partir dela, receberam aportes bilionários de investidores para começar uma trajetória de sucesso. Apenas uma boa ideia não é o suficiente para uma startup prosperar e muito menos para conseguir investimento.

Isso só acontece nos "contos" ou nas histórias mirabolantes baseadas no "*American dream*", o sonho de prosperidade. Uma boa ideia é apenas o começo – um bom começo, é verdade, mas não o suficiente para atrair investimentos milionários. Ideias somente, na grande maioria das vezes, não são modelos de negócio bem definidos.

No meu caso, uma boa ideia como partida, se me interessar, serve para ativar um processo importante de estruturação e desenvolvimento. Isso envolve dinheiro também, obviamente pouco, mas em uma proporção suficientemente equilibrada à necessidade e à realidade do que se propõe a fazer.

O ponto é: qual o mínimo (estrutura, dinheiro, apoio etc.) necessário para fazer um MVP (sigla em inglês para mínimo produto viável)? Quando me apresentam um projeto já no mercado ou gerando caixa, a minha pergunta é: por que estão precisando de mim? Talvez por ser um empreendedor serial eu me considere um investidor-anjo estilo "passional", que se apaixona pelos projetos e pelos empreendedores. Quando isso acontece, é impressionante a sinergia e a vontade de fazer acontecer. Gosto de gente, gosto de brilho nos olhos, gosto de atitude, gosto de empreendedor humilde e simples, trabalhador (24/7), gosto das pessoas que pecam pelo excesso e não dão lugar a omissão ou apatia.

São esses os empreendedores que procuro. Quando eles também têm um bom projeto, que na essência resolve um problema específico e faz sentido para um mercado de nicho, bingo! Eu me apaixono na hora.

Por outro lado, quando encontro empreendedores, digamos, "superdotados", cheios de termos modernos e metodologias, pitch decorado, fala difícil, que pretendem enfatizar que sabem de tudo, conhecem todo mundo (fazem questão de dizer isso!), adoram um holofote, ficam implorando por atenção e batendo nas portas de várias *ventures* e vivem "vendendo" suas "versões betas" em todos os eventos, tipo "figurinha carimbada", faço questão de nem conhecer o projeto.

INVESTIMENTO EM STARTUP: CLASSE DE ATIVO E MODALIDADE DE INVESTIMENTO

Muitos empresários me perguntam sobre o investimento em startup. Aliás, este também foi um dos motivos pelos quais escrevi esse livro: desmistificar e mostrar as alternativas, riscos e opções. Mas qual seria o melhor investimento: a compra de ações na bolsa de valores ou o investimento em startups? Ambos podem ser caracterizados como investimentos de renda variável, e isso automaticamente implica dizer que cada uma dessas modalidades tem suas vantagens e desvantagens, bem como algumas semelhanças, como mostrarei nos próximos parágrafos.

Note que, em ambos os casos, se investe em negócios; e não existe nada mais rentável do que investir em negócios nos dias de hoje. E o investimento em negócios pode acontecer na sua própria empresa ou em um negócio de outros empreendedores e empresários. No caso das ações em bolsa de valores, elas são as menores partes de uma empresa, compradas e vendidas em um ambiente totalmente on-line e regulado, onde são negociadas as ações das maiores empresas do país. É como se você pegasse uma fatia de uma grande empresa e a dividisse em várias micropartes, de modo que cada ação tenha um preço que seja acessível também para os pequenos investidores comprarem. Por isso, é também um ambiente que promove a liquidez, ou seja, a facilidade de comprar e vender esses ativos, estimulando a interação entre grandes empresas e pequenos investidores.

No caso das startups, dependendo do estágio da empresa, você pode comprar uma opção ou até mesmo comprar uma debênture, ou seja, fazer um investimento hoje com vistas ao crescimento do *valuation*, ao futuro do negócio ou até mesmo a receber o valor corrigido no futuro. É como se fosse um aporte, uma espécie de empréstimo, até a conversão em equity ou a venda daquela opção. Diferente da bolsa, não existe um ambiente único, público, regulado, com liquidez, totalmente on-line e automatizado para fazer esse tipo de investimento. Por isso, a primeira dica é: antes de fazer qualquer tipo de aporte, é fundamental que o investidor esteja bem informado e conheça bem as características de cada investimento. Desde que comecei a investir em startups, sofro de uma "doença" chamada FOMO (*Fear of Missing Out*) ou, em português, medo de ficar de fora.

Em relação aos prós e contras da bolsa de valores, pode-se destacar como ponto positivo a atratividade de encontrar diversos papéis de empresas famosas e o ambiente de segurança. Não há um valor mínimo para operar na bolsa, mas é preciso avaliar se o preço da ação compensa, considerando vários fatores, incluindo a taxa de corretagem fixa e as expectativas de retorno. É preciso entender também que o valor de uma empresa na bolsa não se relaciona apenas a sua fama, imagem, produtividade ou até mesmo caixa; ele também está sujeito a fatores econômicos e políticos no país e, por vezes, no mundo – como os que vimos durante a pandemia.

Já quando se pensa em uma lista de prós e contras do investimento em startups, uma das primeiras vantagens de investir em *early stages* em momentos de agitação nos mercados internacionais é que elas não estão diretamente vulneráveis ao humor do mercado ou às políticas externas. Essas empresas já operam em condições de incerteza, estão geralmente em fase de desenvolvimento, validação e operação. Quem vai investir em startups que já estão mais avançadas, via fundos privados de investimentos, por exemplo, tem ainda mais segurança, pois eles fazem uma curadoria das startups investidas. Entre os critérios está o potencial de retorno que a startup apresenta em um determinado período a médio e longo prazo, ou seja, os resultados podem vir mesmo em crises. Outro diferencial é que não exige conhecimento prévio: o investidor de fundos não precisa se preocupar com o *valuation* da empresa, por exemplo. O seu valor real é calculado pelos especialistas do fundo de investimento, e o valor de mercado de uma startup brasileira geralmente é justo, ou seja, quando um fundo ou investidores entram no negócio, seu *valuation* é confirmado, porque os investidores concordaram que a empresa faz jus ao valor definido no mercado.

A proximidade com quem toca a empresa também é um importante diferencial entre as modalidades. Diferente das grandes empresas negociadas na B3 (responsável por realizar a compra e venda de ações no Brasil, cujo nome faz referência às iniciais de Brasil, bolsa e balcão), as startups permitem o relacionamento e troca constante entre investidor e empreendedor. Esse contato direto com os fundadores e administradores é uma vantagem para entender, com detalhes, os futuros passos da empresa jovem e ter mais segurança nos resultados e na valorização do investimento, além de poder pessoalmente ajudar. Em comparação, é muito difícil ter acesso aos detalhes das ações de grandes corporações negociadas na bolsa de valores, a não ser pelos *reports* por meio do RI (relação com investidores), devido ao tamanho e à complexidade das operações. Imagine, então, ter acesso à diretoria executiva que toma as decisões? Muito difícil.

Por outro lado, o que poderia ser visto como um ponto negativo nas startups diz respeito à baixa liquidez. Ou seja, para quem busca retornos mais rápidos, investir em startups não é o ideal; afinal, trata-se de um investimento de longo prazo com estimativa de retornos de até dez anos.

O fato é que não existe um investimento melhor do que o outro. A compra de ações e o investimento em startups envolvem riscos altos, mas com características bem diferentes. Uma dica em relação ao que seria o caminho ideal é conhecer o seu perfil de investidor e diversificar sua carteira de investimentos para minimizar os riscos.

Dito isso, dadas as características específicas de investimento em startups, existe basicamente uma única estratégia comprovada de sucesso: construir um portfólio de startups. A ideia é colocar valores parecidos em no mínimo dez delas, pois a maioria dos investimentos não terá sucesso. Entretanto, aqueles que têm sucesso poderão gerar retornos muito altos e suficientes para mais do que cobrir as perdas do portfólio. Este trabalho referente à escolha e gestão desses negócios pode ser feito por um fundo de investimento que dá todo o suporte e acesso às informações ao investidor. E o interessante, ainda, é que as startups na sua carteira que obtiverem sucesso vão valorizar e podem ser adquiridas por corporações maiores, o que pode multiplicar em muitas vezes o valor de seu investimento. Por isso, a ideia é comprar uma participação quando a empresa ainda é pequena, enxuta e, depois de alguns anos, fazer mais rodadas de investimento ou conseguir vender sua parte por muito mais do que você pagou.

Como já se sabe, investimentos em ações possuem muita liquidez. Isto é, para as ações mais negociadas, praticamente a qualquer momento você pode reaver o capital pela venda de suas ações, realizando um lucro ou uma perda. É a própria bolsa de valores que permite isso, pois é um mercado secundário estabelecido especificamente para essas transações, em que pessoas se reúnem todos os dias (física ou virtualmente) para comprar e vender ações.

E é importante dizer isso também para deixar claro que, ao investir em startups, você deve estar preparado para segurar sua participação por um tempo indefinido ou até mesmo encerrar a atividade da empresa e perder o valor investido. Entretanto, por outro lado, pode acontecer um evento de "saída" para outro investidor ou fundo, por ser uma aquisição de um investidor estratégico, ou até mesmo no IPO. Ou seja, pode-se dizer que essa falta de liquidez é compensada pelo potencial de multiplicar seu valor investido no longo prazo. No caso das ações, historicamente, no Brasil, seus valores são muito voláteis e você está sujeito a essas mudanças que podem causar prejuízo. Ainda assim, geralmente é possível recuperar pelo menos parte de seu capital caso a empresa vá mal.

De novo: jamais invista em qualquer modalidade sem fazer o dever de casa, estudar a fundo suas características e saber ao certo o que pretende ao colocar seu dinheiro ali. Com essas respostas claras, diminuem-se, e muito, os riscos de você se frustrar pelo caminho e perder dinheiro.

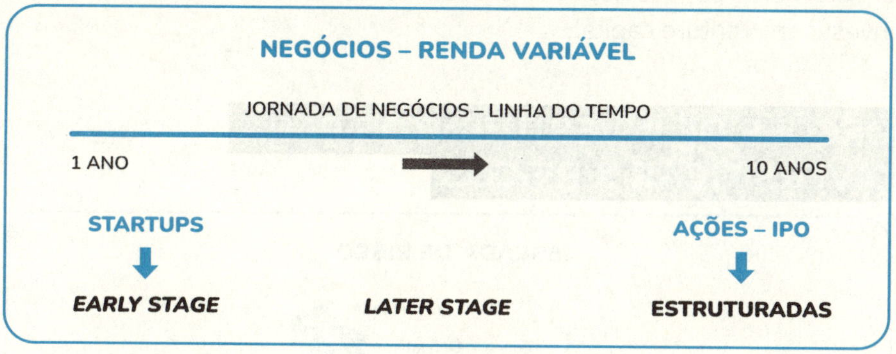

Por fim, uma coisa é certa: nada é mais rentável do que investir em *negócios*.

A IMPORTÂNCIA DA DIVERSIFICAÇÃO NO PORTFÓLIO DE INVESTIMENTOS

Desde o início deste capítulo, tenho usado a palavra "diversificação". A diversificação nos investimentos é uma ação necessária para quem deseja reduzir o risco de sua carteira e proteger seu patrimônio. Apesar disso, muita gente ainda não compreende a importância dessa diversificação e os demais benefícios que ela pode trazer aos seus investimentos. Agora, vou mostrar a você por que não é recomendado "colocar todos os ovos em uma mesma cesta".

A primeira coisa que costuma vir à mente das pessoas quando falamos de diversificação é a proteção e redução dos riscos. Embora diversificar investimentos diminua muito os riscos de uma carteira, é preciso entender que esse não é o único benefício quando se trata de montar um portfólio de investimentos, mas que, principalmente, a diversificação pode trabalhar a favor do investimento, aumentando a rentabilidade da carteira por conta da decisão de alocar recursos em diversos produtos.

Nesse sentido, especialmente para o investidor tido como tradicional, já vou logo começar dizendo que é possível garantir a diversificação dos investimentos independentemente do seu perfil de investidor. Esta é, inclusive, a melhor estratégia para qualquer poupador.

E como começar a diversificar? Não é preciso nem enfatizar que a decisão, bem como a forma e os caminhos que cada um vai preferir, é muito particular. E tem variações, em especial em função da expertise do investidor, disposição em acompanhar e aprofundar os seus investimentos, envolvimento com os negócios escolhidos e sobretudo se está disposto a investir em venture capital.

OPÇÕES DE INVESTIMENTOS PARA DIVERSIFICAR X RISCOS

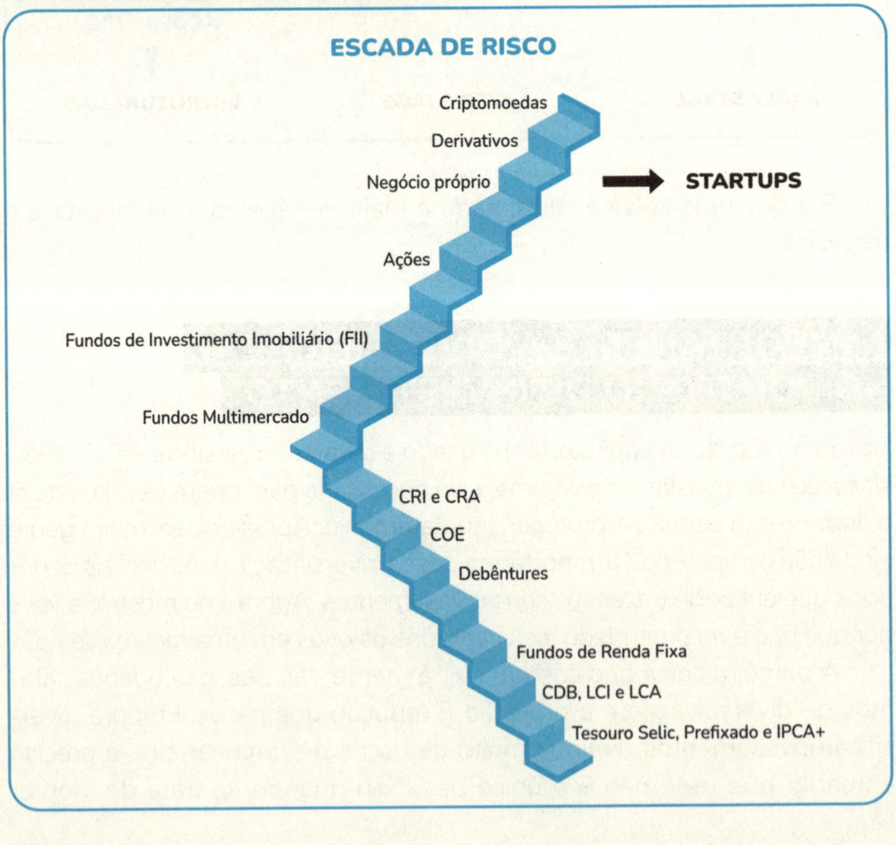

Feitas essas análises iniciais, uma diversificação baseada em objetivos e metas de curto, médio e longo prazo é altamente recomendada para manter a carteira planejada, balanceada e com a melhor rentabilidade possível. Isso porque, trabalhando os prazos do dinheiro, a rentabilidade da carteira tende a crescer substancialmente por conta da diversificação destes investimentos.

Novamente afirmo: para evitar erros desnecessários ou frustrações, é imprescindível que o próprio investidor busque conhecer um pouco mais sobre o mercado e sobre as opções de investimentos que tem à sua disposição antes de tomar uma decisão sobre onde investir. Além disso, comprar produtos variados não significa, necessariamente, que você está diversificando sua carteira. Um portfólio diversificado de fato deve estar alinhado às suas estratégias de investimento e, principalmente, aos seus objetivos e planejamento financeiro pessoal. Na prática, isso significa que todas as suas ações devem estar alinhadas ao seu propósito e objetivo final.

As principais vantagens ao diversificar seu portfólio são:

- Redução dos riscos de uma carteira;
- Proteção do portfólio e aumento da rentabilidade;
- Concretização dos seus objetivos por meio de metas e planos estrategicamente estabelecidos;
- Desenvolvimento de expertise e conhecimento do mercado de maneira mais ampla: experimente novos produtos e mude as instituições em que costuma investir;
- Uma carteira com grande concentração em ativos de renda fixa, por exemplo, fica muito suscetível às variações da taxa de juros;
- Ativos de renda variável costumam apresentar maiores rentabilidades no longo prazo; porém, a sua volatilidade no curto prazo demanda atenção. Caso seja necessário efetuar um resgate de emergência dos recursos, o investidor pode sair no prejuízo.

Adotando esse método, o investidor consegue manter o correto balanceamento dos seus investimentos sem maiores transtornos. Como ressaltei antes, é muito importante ter um capital mínimo para realizar a diversificação. Você já deve ter percebido que a diversificação não irá blindá-lo completamente de todos os riscos. E também não é segredo para ninguém que cada pessoa possui uma aceitação diferente ao risco, e por isso a importância de conhecer qual o seu perfil de risco conforme a API (Análise de Perfil do Investidor).

ANÁLISE DE NEGÓCIOS

As primeiras rodadas de investimentos de uma startup normalmente envolvem valores menores, e esse estágio é importante para não comprometer uma parcela muito significativa da sua capacidade de investimento. Você vai entender, neste livro, que é preciso investir em muitos negócios para ter alguma possibilidade de ganhos futuros.

Então, antes mesmo de começar a pensar nas opções que tem, analise os investimentos por estágios.

Existe uma barra de progresso, que chamamos de evolução das startups. Todas elas passam por várias etapas, desde a ideação até a operação no mercado, e o investidor deve se posicionar para decidir a partir de qual estágio ele pode ajudar.

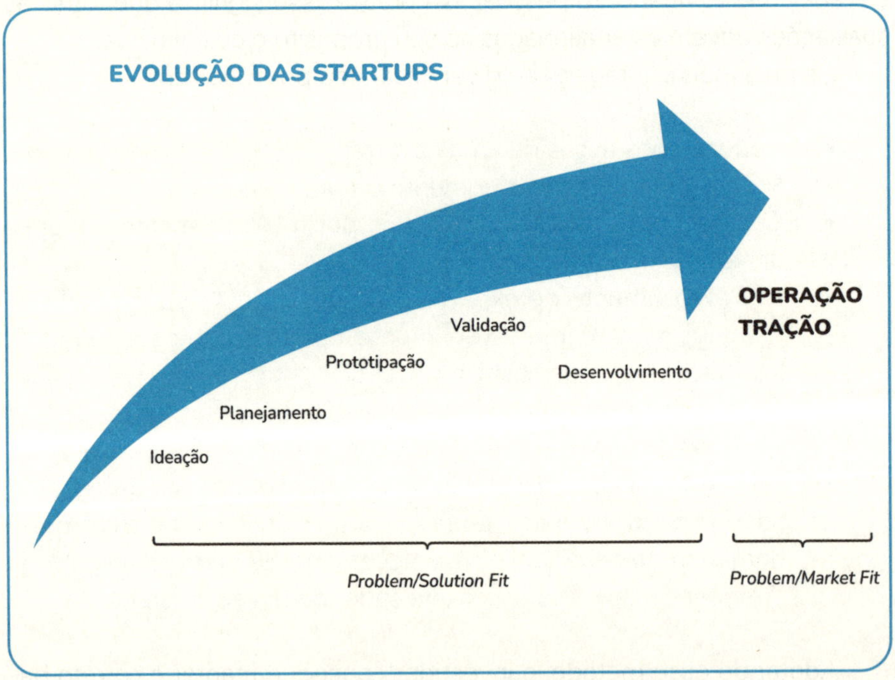

Os investidores de startups mais qualificados não investem sem que o negócio esteja no momento de ou pós-validação. O estágio de validação é quando a startup ainda não desenvolveu e testou o seu MVP (Produto Mínimo Viável). O pós-validação é quando a startup já desenvolveu seu produto e está começando a vender, ou está pronta para iniciar as vendas em curto prazo.

Além disso, existem pontos de atenção em cada estágio de uma startup. Seguem os principais que precisam ser analisados antes da decisão de investimento:

EM UMA PRIMEIRA AVALIAÇÃO, É NECESSÁRIO ENTENDER:

- O tamanho da empresa em questão.
- O volume do investimento.
- O setor em que ela está inserida.
- Sua tecnologia e seu modelo de negócios.
- Dependendo do produto e sua distribuição,
- é preciso considerar também a localização.

A SEGUNDA ETAPA COMPREENDE:

- Avaliação em relação à quantidade de sócios (arquitetura societária).
- Perfil dos sócios (que serão seus sócios também, se efetivado o aporte).
- Estágio de maturidade e faturamento previsto.
- *Valuation* da rodada.
- Necessidades além do capital a médio e longo prazos.
- Mapeamento do mercado-alvo.
- A solução e o impacto social e/ou mercadológico que a empresa busca alcançar.

Se estes primeiros pontos agradaram o investidor e foram cumpridos, a segunda etapa compreende, então:

- Avaliação em relação a quantidade de sócios (arquitetura societária);
- Perfil dos sócios (que serão seus sócios também, se efetivado o aporte);
- Estágio de maturidade e faturamento previsto;
- *Valuation* da rodada;
- Necessidades além do capital a médio e longo prazo;

- Mapeamento do mercado-alvo;
- A solução e o impacto social e/ou mercadológico que a empresa busca alcançar.

TESE DE INVESTIMENTO

A tese deve estar sempre aliada a uma estratégia de investimento que englobe pontos e fatores de filtro, e não deve ser uma regra fixa. Claro que todos os investidores devem ter uma regra básica sobre o que querem e no que pretendem investir e também no que **não** querem investir, mas uma estratégia depende de variáveis que são proporcionais a vários aspectos, como áreas e segmentos que não estão atrativos no momento econômico, capacidade de investimento, regionalização, entre muitos outros pontos.

O que quero dizer com isso? Um investidor-anjo precisa de certos parâmetros para montar sua tese, que filtra muitas ofertas e supostas oportunidades de investimento. Desenvolver teses de investimento tem sido um exercício fascinante para mim. Você pode até pensar que formular teses num ambiente de incertezas como o de startups é uma loucura. Entretanto, eu digo que é o contrário: exatamente porque é de alto risco, você deve ter uma. Outro ponto interessante é quando o investidor-anjo publica sua tese nos canais que achar relevantes: nas redes sociais, seu site, blog, nos grupos do qual faz parte. O importante é que, como investidor, a sua tese esteja explícita quando um empreendedor for procurá-lo, assim já acontece um filtro natural em relação aos projetos que os empreendedores apresentarem a você e às demandas por investimento.

Alguns pontos iniciais são essenciais para qualquer investidor, como mostrado nos quadros a seguir.

Lembro que esses pontos são sugestões com base em métricas e avaliações mais comuns. Entretanto, o ideal é desenvolver sua tese com a prática: cada investidor constrói a própria tese de investimento com base no que, para ele, é fundamental para que um negócio dê certo e ele obtenha os resultados pretendidos. Por isso é tão pessoal.

COMO CRIAR A SUA TESE?

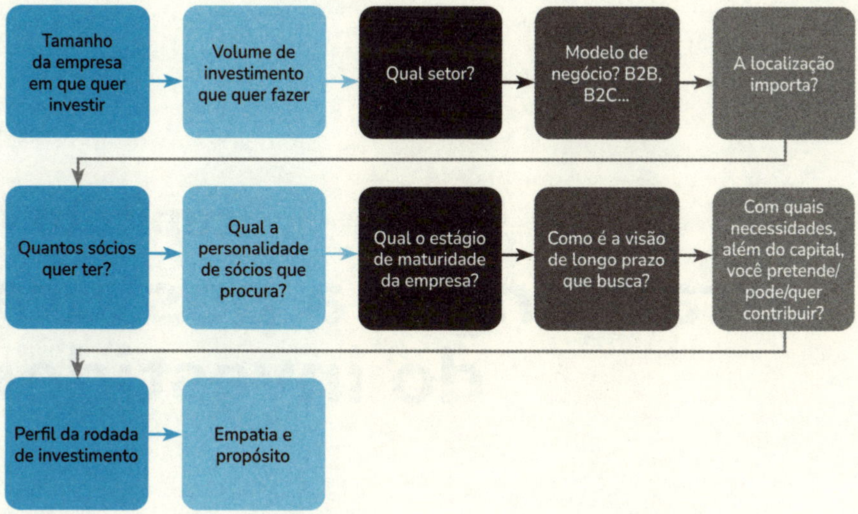

RESPONDA E COMPLETE OS QUADROS:

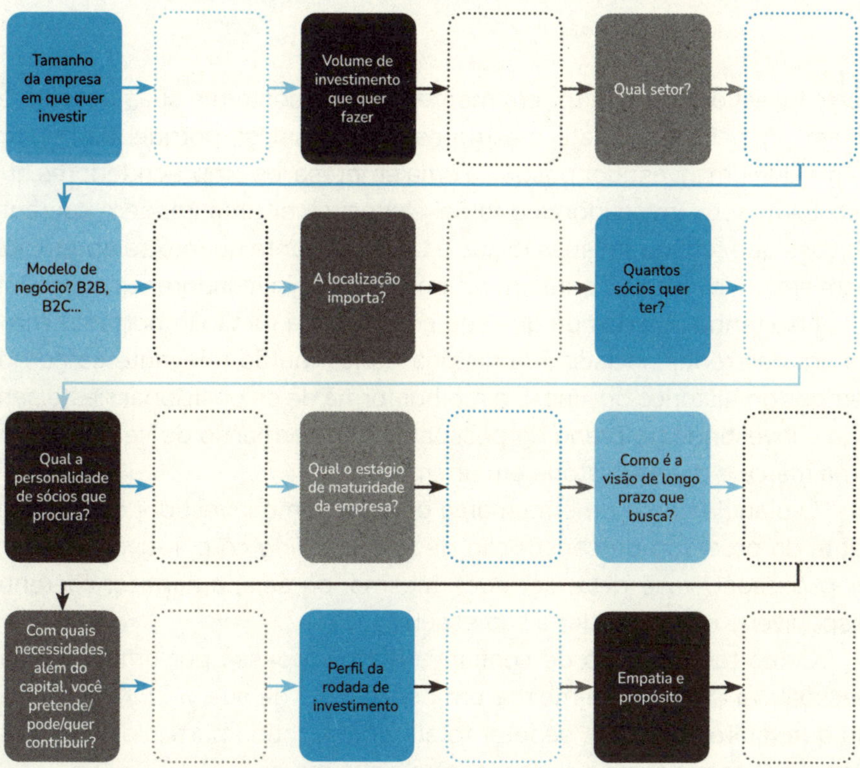

capítulo 4

Branding e a postura do investidor

Um investidor precisa ter em mente que sua postura e suas ações precisam ser pensadas e até mesmo estratégicas. Isso porque, da mesma forma que um investidor pesquisa uma empresa, os empreendedores que escolhem seus investidores o farão. Desenvolver uma imagem coerente e ações que ratifiquem suas ideias é tão importante quanto se apresentar bem em um evento ou para um grupo seleto de investidores qualificados.

Não tenha dúvidas de que seu nome nunca foi tão importante como na era das redes sociais. Sua história nunca foi tão relevante como nos tempos do histórico on-line. E a melhor forma de se posicionar neste sentido é investindo no *branding* pessoal: a transformação do seu nome em uma marca e da sua história em um modelo.

O planejamento de uma marca pessoal como investidor é bem diferente do processo de construção de um *branding* corporativo. No *branding* pessoal, você deve ser você mesmo, ou seja, autêntico, coerente, disponível e nunca perder a sua essência.

Como toda relação de confiança também passa por uma interação pessoal, vá em frente e mostre um pouco mais da sua vida. Ao contrário do que muitos pensam, separar totalmente a rotina particular da profissional nas redes sociais é jogar contra a sua marca.

O conceito de *branding* se tornou uma estratégia eficiente para a construção e fortalecimento da imagem de uma marca, agregando valores como confiança, identidade e propósito. Com a intenção de criar diálogo e proximidade com seu público-alvo, as empresas utilizam essa ferramenta para expressar sua identidade e autenticidade. Para se tornar uma referência e se posicionar no mercado como um investidor, você precisará adotar essa estratégia também. O posicionamento é um fator muito importante, pois, ao definir seus valores e crenças, é possível encontrar um público que partilha desses mesmos valores, e esses poderão se tornar, quem sabe, seus sócios.

Sobretudo no mundo do empreendedorismo, onde tudo acontece de maneira muito dinâmica e intensa, não há espaço para "mimimi" de nenhum dos lados. Se recebeu uma crítica, avalie se faz sentido antes de ficar magoado ou responder por impulso. Note, as críticas construtivas são aquelas apontadas com o objetivo de que analisemos e modifiquemos comportamentos que podem estar prejudicando o nosso desempenho e o das pessoas ao nosso redor de uma forma geral.

O investidor vai receber críticas por investir em alguma empresa ou em muitas e também por não ter investido na startup A ou B. É normal.

Ao recebê-las, podemos ter uma certa preocupação no primeiro momento; porém, elas nos motivam e fazem com que tenhamos o desejo de sermos mais qualificados, bem como vontade de progredir. Ainda assim, sei que muitas pessoas têm dificuldade de receber e assimilar esse tipo de crítica, o que faz essa não surtir o efeito desejado por aquele que teve a intenção de colaborar.

Apenas no sentido de contribuir e direcioná-lo à blindagem que eu mesmo faço, veja minhas dicas para lidar com as críticas:

- **Escute e agradeça** – afinal, mesmo que você não concorde de imediato, se a crítica for feita com respeito, a pessoa está tentando ajudá-lo. Mostre que você compreendeu o que ela quis lhe dizer sem que isso tenha lhe ofendido ou magoado de alguma maneira, e agradeça, para ela entender que pode continuar ajudando sempre que for necessário;
- **Absorva e pense** – principalmente se for algo que o tenha incomodado profundamente, não responda de imediato. Você pode estar com o orgulho ferido. De preferência, sem sofrer a interferência de nada ou ninguém, faça uma pausa para repassar os pontos que foram apontados, analisando quais fazem sentido

para você e quais você realmente acredita não precisarem ser levados em consideração. Lembre-se: é uma análise sua, e o que realmente importa é no que você acredita e o que vive, não necessariamente o que o outro enxerga de você;

- **Fez sentido? Adote** – como já mencionei em vários momentos nesta obra, mudanças são quase sempre benéficas. Reflita e elabore formas de melhorar ou de mudar o comportamento que você teve e não foi bem aceito, seja no ambiente pessoal ou profissional;
- **Nem tudo é sobre você** – existem pessoas que levam tudo, absolutamente tudo, para o lado pessoal. Cuidado se sua conduta for essa! Às vezes, as pessoas que convivem com você apenas estavam tentando acolher e, preocupadas, resolveram despender parte de seu tempo para ajudá-lo em seu processo de melhoria contínua. Então, veja uma crítica construtiva como uma oportunidade de crescimento e amadurecimento, sem rancor ou picuinha.

Embora eu prefira acreditar que a grande maioria das pessoas age de boa-fé e tem como intuito realmente ajudar, é claro que existem também as críticas destrutivas. Neste caso, você precisará saber identificar a real intenção do interlocutor que chega à você. Resumidamente, as críticas destrutivas são aquelas feitas da maneira incorreta e indelicada, com ofensas, acusações sem fundamento nem qualquer contribuição para nosso crescimento e amadurecimento. Elas são feitas por pessoas despreparadas, que não têm habilidade de oferecer um feedback eficiente e não possuem tato algum para lidar com os outros.

O problema é que, além de serem desnecessárias, nos causam sentimento de raiva, culpa e desmotivação. Por mais que até façam sentido, a forma como acontecem não ajuda a produzir, verdadeiramente, mudanças para que se possa melhorar algumas ações e comportamentos. Cabe, de novo, analisar e ter discernimento para entender a motivação de quem critica. Algumas pessoas, infelizmente, se incomodam demais com a ascensão do outro, com o sucesso de ideias e projetos, e reagem de maneira agressiva por não saberem lidar com o que não conseguiram obter, e o outro, sim. Por isso, é essencial aprender a lidar com a crítica destrutiva tanto quanto com a construtiva, pois ela nos atinge de modo negativo. Assim, é preciso estar preparado para as duas situações. Seres humanos são complexos, e suas motivações, mais ainda; aprenda a filtrar o que chega até você e a controlar suas emoções.

COMO FAZER PARTE DO ECOSSISTEMA

Você sabe o que realmente significa esse tal de ecossistema? Bom, como muitos devem pressupor, o termo é emprestado da biologia, porque, assim como acontece entre as espécies, no empreendedorismo também precisa-se do outro para sobreviver.

Ou seja, é o ambiente formado pelos mais diversos personagens ligados ao empreendedorismo, no qual há muita conexão. Assim como no ecossistema animal, o empreendedorismo também trabalha em rede; há hierarquia, equilíbrio ou desequilíbrio e extinção. Ele também se desenvolve como uma espécie de organismo vivo, que está a todo momento se modificando e se movimentando. O "meio ambiente do ecossistema empreendedor" é composto por empresas, governo, instituições de pesquisa e ensino, incubadoras, aceleradoras, associações de classe e prestadores de serviço e, claro, empreendedores – que são os protagonistas e fazem tudo isso acontecer.

Nesses ambientes, que prezam pela inovação, tecnologia e empreendedorismo, tudo é muito dinâmico, e o conhecimento é acumulado e repassado por meio do aprendizado e da interação entre os personagens. Todo esse mecanismo de estímulo e compartilhamento vai ao encontro da importância da transferência e da difusão de ideias, experiências e informações para todos os envolvidos.

Diferente do que podemos ver em indústrias ou qualquer outro tipo de mercado, a união de organizações com características semelhantes ajuda a homogeneizar os discursos e as ações deste grupo. Além disso, em relação à hierarquia, tão valorizada no mundo corporativo tradicional, em um ecossistema de inovação existe a governança multinível por princípio, ou seja, os atores estatais, empresariais e outras instituições devem cooperar, competir e interagir com interdependência.

E toda essa harmonização e esse alinhamento geram muitos resultados. Prova disso são os unicórnios que já temos no Brasil – 22 até fevereiro de 2025[10] – e os que não tardam a chegar a esse patamar. Quanto mais incentivo ao empreendedorismo de maneira estruturada e acessível, mais empresas de sucesso serão criadas.

Uma vez compreendido quem são os *players*, seus papéis, suas interações e os resultados na criação de novos negócios com maior potencial de sucesso, torna-se possível planejar melhor as políticas públicas, as interações entre os atores e, ao final, obter melhores empreendedores e

10 BELTRAO, A. *op. cit.*

negócios. Quando essa interação entre poder público e privado é feita em detrimento do maior desenvolvimento de um polo empreendedor, o que vemos são empresas que passaram a se interessar em incentivar ecossistemas com determinado tipo de atuação, que vão desde investimentos até a contratação de serviços dos novos negócios.

Para que você possa ingressar no ecossistema, é importante participar de eventos e criar conexões. O networking, ou a sua rede de contatos, é fundamental para que passe a fazer parte do meio. De igual importância é participar ativamente de grupos e reuniões, de modo que você seja reconhecido pelos demais participantes. Procure também conhecer melhor os fundos de investimento e entrar em contato com investidores.

Lembre-se: seja atencioso. Sobretudo quando você está com o intuito de ingressar em um novo grupo ou fazer parte de algum projeto, dê atenção real às pessoas que chegam até você. Não adianta ir para um evento e ficar com a cabeça baixa, mexendo no seu celular – melhor nem ir para não passar uma imagem negativa. Para mim, a moeda mais valiosa atualmente é a atenção: se você conquistar a atenção genuína das pessoas, pode conseguir as outras "moedas" (sempre no bom e no honesto sentido).

Segundo o dicionário, a palavra "atenção" significa concentração da atividade mental sobre um objeto determinado. É a concessão de cuidados, gentilezas, obséquios. Para a psicologia, a atenção é uma qualidade da percepção que funciona como uma espécie de filtro dos estímulos ambientais, avaliando quais são os mais relevantes e dotando-os de prioridade para um processamento mais profundo. E, convenhamos, nos dias de hoje, quando tudo é extremamente superficial, passageiro e rápido, reter a atenção de alguém por determinado tempo tem sido um enorme desafio, seja em casa, no trabalho, em uma aula ou palestra.

Por isso, a moeda mais valiosa se tornou a atenção. Se você consegue obtê-la de maneira sincera e espontânea, poderá conquistar o que quiser – uma boa conversa, dar ou receber um conselho, fechar negócios e/ou dar andamento em trabalhos que não "andavam" por falta de atenção etc.

Em uma sociedade cada vez mais conectada e tecnológica, às vezes esquecemos de olhar nos olhos, cumprimentar, dar bom dia com a cabeça erguida, e não teclando no celular enquanto respondemos a alguém que não está do nosso lado, nem vendo com quem dividimos o elevador.

Algumas moedas são insubstituíveis, e perdê-las pode significar um rombo enorme na sua alma. Por isso, avalie com frequência suas ações e

Seres humanos são complexos, e suas motivações, mais ainda; portanto, aprenda a filtrar o que chega até você e controlar suas emoções.

prioridades. Afinal, para você, hoje, qual é a moeda mais valiosa? Depois que conseguir responder, guarde-a e cuide dela com carinho para não correr o risco de perdê-la. Pense nisso.

GRUPOS DE INVESTIDORES-ANJO

Se você está apenas começando no investimento-anjo e ainda não tem muitos contatos iniciais pessoais, uma excelente estratégia é ingressar em um grupo local de investidores-anjo estabelecidos que acolham ativamente novos membros no nível em que você pretende investir.

Quando os investidores-anjo se reúnem, eles geralmente recebem dezenas de pitchs de startups a cada mês e passam por um processo de várias etapas, por meio do qual analisam as oportunidades. Essa é uma ótima maneira de obter um fluxo de negócios pré-filtrado, além de muito apoio colegiado mais experiente à medida que você aprende os meandros do investimento-anjo.

SMART MONEY

É muito frequente escutar algumas perguntas de empreendedores, seja no fim das palestras, seja nas redes sociais: "João, como captar investimento para meu negócio?", "Onde encontrar investidores?", "Quando buscar investimento?".

Alguns empreendedores afirmam que não existem investidores de risco suficientes e que, quando os encontram, eles não respondem ou não aparecem para investir nas startups em questão. Pois bem, acredite: essa afirmação só é válida para quem não sabe como buscar investimento, como eu já havia afirmado.

O ideal sempre será a busca pelo smart money, o dinheiro inteligente. Note que o principal problema para investidores não é conseguir dinheiro para investir, mas decidir por que, onde, como e quando investir. Com a experiência que adquiri ao longo desses dezesseis anos como investidor, digo que o empreendedor deve se preparar para buscar, *atrair* e receber investimento principalmente na fase inicial de um negócio, que chamamos de *early stage*. Captar recursos no Brasil é, sim, um desafio. Apesar de não ser fácil, é importante ter total conhecimento de como tudo funciona, entender que existem técnicas, sacadas e uma "ciência" do smart money, que exige algumas regras e etapas a serem cumpridas.

A situação hoje é que há, de um lado, centenas de empreendedores buscando dinheiro de maneira errada e, do outro, dezenas de investidores com dinheiro buscando investir com menos riscos e querendo encontrar um projeto ideal. E é exatamente na *convergência* desses interesses que a mágica acontece.

Muitas vezes, o papel de um investidor-anjo é muito mais importante do que o aporte de dinheiro. Para várias startups, o real valor do investidor-anjo é o smart money, que pode ser decisivo na trajetória uma startup.

Tudo isso não significa que o investidor estará presente no dia a dia da startup, mas que ele pode sempre ser consultado sob demanda e trazer *insights* que façam diferença ao longo da jornada do projeto. Investidores que trazem smart money não costumam dizer "eu acho que você deve" ou "que tal se vocês fizessem assim", mas "veja como essa outra empresa resolveu este problema" e "este é o documento de que você precisa". Menos opinião, mais ação e orientação no sentido prático.

E se existe o que consideramos dinheiro inteligente, é claro que também há espaço para o "dinheiro burro". Conhecido pelo termo em inglês *dumb money*, é um capital investido que não está atrelado a nenhum conhecimento que se possa agregar a uma empresa. Geralmente, esse investimento é um acordo informal entre parentes ou amigos. Com essa modalidade, você pode correr o risco de ceder alguma parte da sua gestão ou dar abertura para interferências sem que sejam positivas.

Vale ressaltar que, se o aporte de capital for necessário e o smart money não for concretizado, o *dumb money* deve ser acordado por meio de um contrato formal e registrado, para que não haja conflitos futuros. Entretanto, lembre-se de que, definitivamente, não é o caminho ideal.

TIPOS DE INVESTIMENTOS EM STARTUPS

Os tipos de investimentos em startups mais comuns e que vamos ver detalhadamente adiante são:

- **Investimento direto** – feito diretamente entre o investidor e a startup. Além do investimento em dinheiro, o investidor dará ao empreendedor apoio com o conhecimento adquirido em sua jornada. Chamado também de smart money;

- **Investimento em fundos** – são gerenciados por um administrador, que utiliza recursos próprios e de terceiros para investir nas startups. São regulados pela CVM;

- **Grupo de investidores** – é quando um grupo de investidores se reúne no formato de grupo de anjos ou clube para investir em startups. Nesse caso, o investimento e contrato é feito diretamente pelo investidor na startup, mas com curadoria e esforço coletivos;

- ***Pool* de investimentos** – quando um grupo de investidores se reúne no formato de um *pool*, que seria uma empresa para coinvestirem em uma ou mais startups. Nesse caso, o investimento e contrato é feito pelo *pool*, que passa a cuidar de todo o processo, incluindo análise, diligências e apoio. Em troca, o investidor tem uma cota do *pool*;

- ***Equity crowdfunding*** – é um mecanismo que oferece oportunidades de investimento on-line em startups por meio de ofertas públicas. As plataformas de *equity crowdfunding* permitem que investidores invistam, de casa, quantias (normalmente, acima de 1 mil reais) em startups em troca de participação societária. Minha dica aqui é a SMU (www.startmeup.com.br), que é regulada pela CVM;

- **Coinvestimento** – é a modalidade na qual um investidor acompanha outro investidor mais experiente em uma rodada de investimento;

- **CCB** – é uma cédula de crédito bancário regulada pelo Banco Central. O pequeno investidor pode adquirir um título CCB. A empresa que recebe o dinheiro desse título pode investir em startups e paga/recompra esse título posteriormente com a performance e resultado das startups investidas. E o portador do título não tem equity nas startups.

O JOGO DO EQUITY

Como pode um negócio que dá prejuízo ter um *valuation* alto?

Você já leu e entendeu neste livro o modelo da nova economia e da mentalidade de equity. Mais do que isso, agora você já sabe que as startups são empresas com o objetivo de transformar o mundo em que vivemos e encontrar soluções melhores utilizando uma base tecnológica para os problemas existentes ou ainda nem existentes em alta velocidade e muita valorização.

Quando falamos no valor de uma startup, na verdade, nos referimos a um valor determinado por meio de um processo chamado *valuation*. Trata-se de um processo que busca aferir o valor justo de determinada startup, hoje e no futuro, a partir da adoção de uma metodologia e de alguns cálculos, que vamos estudar nos capítulos seguintes. O resultado desse processo não tem uma correspondência direta com o valor que a empresa gera de lucro ou mesmo de receita mensal.

Então, como uma startup que ainda enfrenta prejuízos pode ser avaliada em bilhões? Entendendo e aceitando o jogo do equity através das rodadas de investimento e da metodologia de *valuation*.

Para isso, é preciso abrir a cabeça para a distinção fundamental entre o que representa o valor e o preço. Em linhas gerais, o processo de *valuation* busca determinar qual seria esse valor justo para a empresa avaliada.

Quando falamos em preço, estamos nos referindo à quantia que deve ser desembolsada por determinado bem ou serviço. Assim, usualmente, nos referimos a preço como a quantia que efetivamente é paga. Por outro lado, o valor é algo intangível, ou seja, mais difícil de ser mensurado e atrelado a uma ideia de satisfação e benefício que determinado produto ou serviço trará ao mercado. O conceito de valor é dotado de um aspecto subjetivo intrínseco, que influenciará diretamente o seu chamado valor justo de acordo com o caso concreto.

No *valuation* de startups, não consideramos apenas dados como lucro e receita, adotamos premissas e projeções que possibilitam uma análise da probabilidade de determinada startup atingir um estágio mais avançado e que consiga atingir métricas e grandes resultados futuros. Basicamente, o alto valor da avaliação se baseia em uma expectativa de ganhos expressivos num futuro mais próximo.

Na trajetória de crescimento de uma startup, existe um período inicial, que pode durar alguns anos, durante o qual ela requer altos investimentos para se manter viva no mercado. Assim, durante seus primeiros anos, é bem provável que os fundadores estejam injetando dinheiro próprio ou de terceiros por meio de rodadas de investimento.

Ao longo de muitos anos, portanto, é comum ver startups atingindo valores de mercado cada vez mais altos e apresentando prejuízos anuais. Esses prejuízos, na realidade, foram pensados e combinados, e decorrem das rodadas de investimentos e também do reinvestimento no próprio negócio.

O que é considerado em um *valuation*, nesse caso, é o potencial de crescimento e valorização graças ao investimento constante sendo feito.

Em suma, o fundamento do alto valor de uma startup está baseado na expectativa de ganhos, no futuro, em função desse alto risco.

Em resumo, elas valem tanto porque os investidores que investem nelas acreditam que tenham potencial para gerar muito dinheiro no futuro e, mais importante, porque elas próprias acreditam que podem vender (sua participação) para outro investidor por um preço ainda mais alto.

Portanto, nesse sentido, a lógica dessa modalidade de investimento me faz determinar algumas premissas básicas para aumentar o valor do negócio:

- Eu não entro em um negócio para ter lucro;
- Eu não entro em um negócio para ser sócio;
- Eu não entro para ter dividendos trimestrais, semestrais ou anuais;
- Eu não entro em um negócio dependente;
- Eu não entro em um negócio sazonal.

Eu entro pelo *valuation* atual e futuro do negócio. É isso que chamamos de **equity**.

EU, MENTOR

No início do livro, contei que o conselho de um mentor mudou minha vida e me fez, inclusive, me tornar um. Agora vou mostrar a você que, como investidor em startups, você se tornará um mentor para os empreendedores e para a equipe. E isso ocorrerá quase que naturalmente.

Esse tipo de investidor geralmente passa a ter uma participação minoritária no negócio (porém, não tem posição executiva na empresa) e a apoiar o empreendedor, atuando como um mentor/conselheiro, o que é muito interessante. Quanto mais envolvimento de um mentor no negócio, maiores são as chances de ele dar certo e escalar.

O processo de mentoria é cada vez mais popular nos Estados Unidos, e ganhou força no Brasil nos últimos anos. É uma opção para o líder que busca auxílio profissional, principalmente na área de gestão. Com o processo de mentoria – em reuniões semanais, por exemplo –, os empreendedores conseguem refletir sobre sua conduta de gestão com os funcionários e clientes, bem como sua estratégia para a empresa.

Os melhores mentores desenvolvem a capacidade de diagnosticar problemas e observar situações, mas sem se tornarem consultores nem *coaches*. Para que isso não aconteça, ao longo do tempo, o investidor/mentor começa a analisar diversas esferas da empresa, a ter conhecimento sobre vários assuntos, além de desenvolver a habilidade de entender o comportamento humano. Lembra quando eu disse, lá atrás, que, na hora de investir, a análise do empreendedor e seu time é imprescindível?

Então, no dia a dia, o que efetivamente um mentor faz? Ele se alia ao empreendedor para fortalecer o negócio, seja auxiliando-o na tomada de decisões com mais segurança ou ajudando-o a transpor desafios, identificar novas metas e desenvolver uma visão estratégica. É um novo olhar, longe da "miopia corporativa" e das práticas conservadoras. Nada de particularidades excessivas neste relacionamento: tem que ser acessível, prestativo, presente de corpo e alma.

Alguns exemplos de ações que podem ser desenvolvidas por mentores:

- Compreensão da empresa como um todo;
- Desenvolvimento de técnicas de diminuição de estresse aplicados à rotina;
- Propor sessões de preparação para uma reunião externa;
- Elaboração de construção de cenários alternativos;
- Visão futura de negócios com reflexão sobre novas oportunidades com retorno financeiro.

Nesta relação, cabe ao mentorado avaliar e refletir sobre o que lhe foi proposto pelo mentor. É claro que não existem certezas absolutas nem alguém com a capacidade de acertar tudo sempre. Não se trata de imposição ou qualquer tipo de decisão unilateral. As ações e estratégias precisam ser construídas juntas para se ter resultados positivos.

Afinidade e respeito devem ser sempre os pilares dessa convivência. No mundo dos negócios, nem todos os dias vão ser tranquilos ou as reuniões, agradáveis. Quando alguém procura por um mentor (que pode ou não ser o seu investidor), precisa sentir que há uma conexão – até para estar motivado a descobrir o que está faltando em sua vida profissional. Do contrário, vira consultoria, curso técnico de gestão.

Dos dois lados, escolha alguém que desperta em você a vontade de trabalhar. O conhecimento técnico é apenas um dos fatores importantes, não o principal. Perceba os campos relacionais de cada um e como eles podem se conectar a você. E, quando se trata de mentoria, não existe um tempo mínimo ou máximo para fazê-lo. Cada negócio é único, com demandas específicas, e vai depender ainda de fatores como objetivos, estratégia e a regularidade das reuniões entre o mentor e o empreendedor. No entanto, os resultados já são observados logo nos primeiros meses da aproximação.

Cada interação com os mentores é uma oportunidade para aprender e crescer. Converse e reflita sobre as experiências e de que forma as ações estão colaborando para o progresso dos negócios. A sensação tem que ser de evolução constante, dos dois lados.

A RELAÇÃO INVESTIDOR X EMPREENDEDORES

Um dos grandes desafios de quem resolve ingressar no mundo do empreendedorismo é entender melhor como funcionam as relações entre investidores e empreendedores. E isso é desde o começo: quando buscar investimento? O que um investidor procura em uma potencial empresa a recebê-lo? O que procurar em um investidor para dar certo? Como abordá-lo? Como deve ser a relação diária nas operações?

Toda e qualquer relação precisa, desde o começo, prezar pela sinceridade e respeito – como já mencionado em diferentes passagens deste livro. Dizer que não sabe ou que buscará novas respostas ou soluções faz parte desse dia a dia, por exemplo. Ninguém sabe tudo ou está preparado para enfrentar qualquer situação a todo momento.

Se você faz um investimento direto e sozinho, terá que construir uma relação de aproximação em que um passa a fazer parte da vida do outro. Já se optar por investir em fundos, essa relação é diferente, como você verá no tópico que tratará de fundos de investimentos. A boa e velha analogia com o matrimônio ainda é muito eficaz. Durante o processo, tem o primeiro encontro, a paquera, o namoro, o noivado e, só depois, o casamento. Você está se juntando para tentar fazer mais do que as pessoas individualmente – e são muitos dias de chuva e dias de sol, de felicidade e de tristeza.

É justamente nesses momentos de tristeza e nesses dias de chuva que a cumplicidade e sintonia do investidor e do empreendedor precisam ficar evidentes. Divergências são comuns em qualquer rotina, mas é por isso que as escolhas precisam ser bem-feitas. Afinal, em dias assim, ou se tiver que mudar tudo e começar do zero, você precisa ter um parceiro incondicional do seu lado, não um acusador.

O que é fundamental nessa relação:

- Respeito mútuo;
- Saber ouvir (o investidor também precisa saber ouvir!);

- Entender, juntos, quais são os momentos para tomada de decisões estratégicas;
- Definição dos critérios que serão avaliados para indicar se estão no caminho certo;
- Aprender a controlar a ansiedade de ambos; principalmente quando se está perto de vender a startup, em geral, sempre há discordância;
- Tomar cuidado para não focar excessivamente a saída e se esquecer de fazer o dever de casa diário;
- Nos momentos difíceis, buscar soluções juntos;
- Jamais um jogar a culpa de nada no outro, afinal, é um time – é preciso haver unidade.

E por mais que isso possa parecer estranho para certos investidores (e realmente é), alguns empreendedores ainda acreditam que a informação financeira, por exemplo, deve ser mantida em sigilo. A maioria dos fundadores de startups demoram a adotar a ideia de que as informações devem ser acessíveis para todos os investidores. Acreditam que proteger dados, inclusive dos funcionários, pode evitar o estresse diário associado à "montanha-russa" que é empreender. Um erro enorme, claro. Como já foi mostrado, as métricas e resultados são fundamentais para, inclusive, tomar novas decisões que inevitavelmente vão ter que passar pelos investidores – sejam anjos ou fundos.

Infelizmente, sabemos que "de boas intenções, o inferno está cheio" e que alguns empreendedores que não primam pela transparência e honestidade, empregam um estilo de liderança que se beneficia do controle de quem sabe o quê e quando informar. Restringir informações importantes torna-se, nesse caso, uma estratégia. Eles organizam as informações para que as boas notícias apareçam em destaque e as ruins, ou piores, sejam amenizadas ou explicadas no contexto. No "olhar" dos investidores mais experientes, esse pode ser um ato de omissão ou interpretado como uma gestão ruim.

Em minha opinião, seja qual for a motivação em não ser transparente, ao fornecer informação parcial ou incompleta, os empreendedores perdem uma oportunidade de construir confiança e retardam a chance de sucesso. O negócio pode sangrar, assim como pode gerar estresse se todos souberem da real situação. Entretanto, se não houver transparência, vai precisar de mais tempo e mais esforço para recuperar e, em alguns casos, o empreendedor pode ficar sozinho por ter optado pela omissão, ausência de informação e transparência.

A verdade é: não tenho a menor dúvida de que fundadores visionários abraçam a transparência. Esses grandes empreendedores têm mais medo do que acontece quando funcionários e investidores não têm todas as informações do que o contrário. Eles se sentem poderosos não porque sabem ou dominam a informação, mas porque capacitaram todos igualmente para lutar pelo sucesso da startup e, por fim, estarão juntos em uma derrocada. Afinal, quanto mais as pessoas souberem, maior interesse terão em se envolver, ajudar e fazer parte das soluções também.

Acredite, construir a confiança – dos dois lados – é um passo importante. Uma estratégia fundamental é usar a transparência como uma forma de "atração", não somente para o *cap table*[11] atual como também para buscar novos investidores. Um negócio pode dar certo ou não, mas e a sua reputação? Erros do passado podem, sim, influenciar decisões futuras de pessoas que talvez você ainda nem conheça.

Entretanto, nesta relação, note que não se trata apenas de enviar atualizações e *reports* mensais. É necessário ser conciso, permanente e definir a atualização dos principais indicadores nos negócios, as *métricas*. Procure por sistemas para integrar ou que podem receber seus *inputs* (as entradas) com informações periódicas que fiquem disponíveis por um acesso on-line. Essas devem refletir como anda o negócio como um todo, desde receita até cancelamentos.

INVISTA NO JÓQUEI, NÃO NO CAVALO

Em uma corrida de cavalo, apostamos no nome do cavalo, e ele é que disputa nas raias. O jóquei conduz o cavalo até a linha de chegada. No jogo do equity, é o inverso: apostamos no nome do jóquei. O cavalo tem que ser bom, mas, se o jóquei não for melhor, não vai vencer a corrida. No mundo real, é o empreendedor que faz o projeto acontecer; como já mencionei, investimos em gente.

Warren Buffett dizia que a análise de investimento continua sendo mais arte do que ciência – e em nenhum lugar isso é mais verdadeiro do que no campo dos investimentos em startups, no qual é particularmente sutil identificar os empreendedores e os negócios que serão unicórnios.

11 *Cap table*, ou "tabela de capitalização", é uma tabela em que estão dispostos os acionistas que participam de determinada empresa. Com ela, podemos ter a análise dos percentuais de participação, diluição de capital e valor do patrimônio em cada rodada de investimento dos fundadores, investidores e outros proprietários.

Por isso, a escolha do empreendedor é muito importante. A maioria dos investidores-anjo profissionais segue o velho ditado: "Aposte no jóquei, não no cavalo". Existem inúmeros exemplos em que um grande empreendedor pegou uma ideia moderadamente boa e a conduziu até um sucesso – mas muito poucos em que um empreendedor mediano transformou uma grande ideia em um sucesso estrondoso.

Um grande empreendedor pode pivotar, ajustar, melhorar e redirecionar uma ideia de negócio conforme necessário, enquanto um empreendedor mediano pode arruinar a promessa de um conceito de negócio brilhante.

Se eu tiver a opção de escolher entre uma grande ideia de negócio e um grande empreendedor, levarei o empreendedor sempre.

Alguns investidores em estágio inicial consideram a tecnologia como a chave principal para os bons negócios e se preocupam com a habilidade técnica do fundador. Outros, particularmente aqueles especializados em startups voltadas para o varejo, apostariam tudo em um fundador com incríveis habilidades de vendas.

Para mim, a conta é diferente. O empreendedorismo de negócios não deve ser confundido com as habilidades técnicas de codificação, vendas ou operações comerciais. Se o fundador as tiver, soma pontos, mas, se não as tiver, isso não o elimina, até porque essas funções podem ser contratadas. Em vez disso, eu indico pontos como caráter, habilidades, conhecimento, experiência e disposição para assumir riscos. Quem reúne todas essas peças cria uma startup que desempenha um papel de produção de valor na nova economia.

COMO ESCOLHER UM GRANDE JÓQUEI?

Além de coragem, integridade, bom *track record* e paixão pelo problema que resolve, há outros pontos importantes:

- Visão de longo prazo;
- Foco;
- Paciência.

SINAIS DE ALERTA EM UM EMPREENDEDOR

Existem comportamentos que marcam um grande empreendedor, mas também outras características que, conforme aprendi, representam sinais de alerta. Mesmo que uma startup pareça promissora, eu pensaria duas vezes antes de investir nela se seu fundador exibisse uma ou mais das seguintes características:

- Arrogância;
- Prepotência;
- Falta de integridade e humildade;
- Não entender do mercado;
- Não ter *track record*;
- Não ter visão de longo prazo;
- Falta de capacidade de liderança percebida;
- Falta de habilidades de comunicação percebidas;
- Não apresentar conhecimentos técnicos;
- Avaliação irreal dos desafios de execução;
- Não demonstrar diferenciais competitivos;
- Avaliação irreal do tempo;
- Projeções financeiras irrealistas;
- Falta de habilidades operacionais necessárias na equipe de gestão;
- Falta de capacidade percebida para crescer com a empresa;
- Falta de disposição para aceitar conselhos ou orientação.

Leva tempo para aprender a reconhecer as características que distinguem um empreendedor vencedor de um provável perdedor. Este é outro motivo pelo qual encontrar maneiras de gerar um fluxo de negócios em potencial é tão importante: quanto mais experiência você tiver em reuniões, conversas e avaliações com fundadores de startup, melhor você se tornará em identificar possíveis campeões.

ESTRATÉGIA DE DIVERSIFICAÇÃO DE PORTFÓLIO E OPÇÕES

Investir em startups é um jogo de número: o investimento-anjo, quando feito corretamente, pode realmente produzir uma TIR consistente na faixa de 25 a 30%. A forma de conseguir isso é investir de modo inteligente em várias empresas, fazer os números trabalharem a seu favor.

Vários estudos e simulações matemáticas mostraram que é necessário investir a mesma quantia de dinheiro de maneira consistente em pelo menos vinte a 25 empresas antes que seu retorno comece a se aproximar do retorno típico de mais de 20% para investidores-anjo profissionais ativos. Isso significa que, quanto maior o número de empresas nas quais um anjo investe, maior a probabilidade de um retorno positivo geral.

Mais à frente, vou mostrar vários estudos registrados que comprovam essa tese de como a diversificação afeta no retorno do capital investido.

Uma coisa, no entanto, é importante você entender e saber: quanto mais cedo você investe, maior é o seu risco e menor vai ser o *valuation*.

Veja no quadro a seguir que o X acontece quando a startup já está em série A, ou seja, já atingiu seu *Product Market Fit* (veja, no capítulo a seguir, a importância do PMF), o risco vai diminuindo quando vai subindo de fase para novas rodadas de investimento; o *valuation*, porém, sobe consideravelmente.

O *upside* acontece quando você consegue investir antes da startup e seu respectivo *valuation* crescerem exponencialmente.

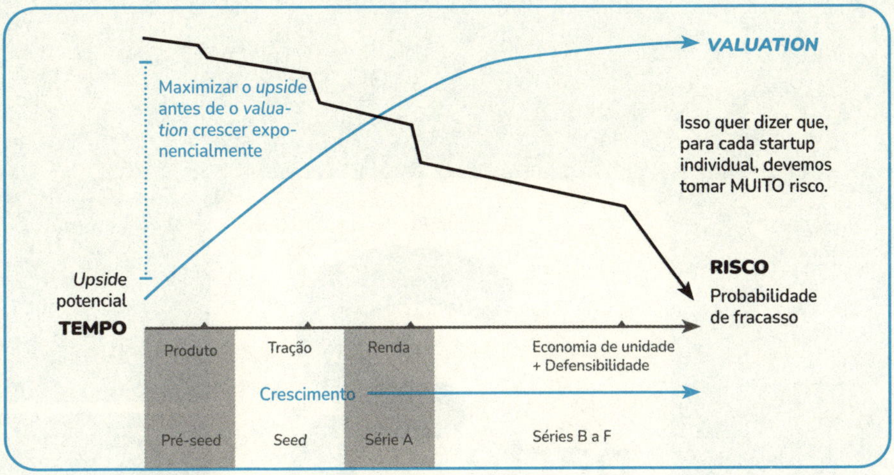

parte 3

Deu *match*: como fazer investimentos

capítulo 5

Como avaliar startups

A este ponto da leitura, você já percebeu que avaliar os empreendedores e o time da startup é a peça mais importante no estágio inicial – além, obviamente, de verificar se a startup tem uma ideia inovadora, resolve um problema e tem capacidade de execução.

Mas alguns outros fatores são determinantes no momento da avaliação, como: mercado endereçável ou alcançável, produto/serviço e tecnologia.

Uma avaliação inicial vai poupá-lo de dissabores na sequência. Por isso, analise com cautela os seguintes aspectos no negócio da startup:

- Qual a avaliação do mercado onde a empresa está inserida?
- Qual a análise da cadeia de valor?
- Quais são as barreiras de entrada?
- Qual o tamanho desse mercado?
- O produto ou serviço é diferenciado, viável e escalável?
- Tem tecnologia como barreira de entrada?
- Tem equipe complementar em qualidade e capacidade?

Existem métricas-padrão que o investidor deve olhar para avaliar os pontos que estamos enaltecendo. Cuidado com as métricas de vaidade que não sustentam uma startup, mas que os empreendedores adoram mostrar para impressionar o investidor, como muitos seguidores, curtidas e comentários em redes sociais. OK, isso pode ser legal, mas o investidor deve perguntar: "O que isso efetivamente representa em relação a conversão?".

As métricas mais importantes (no geral) e que os investidores precisam olhar nas startups são:

- Número de acessos no site;
- Engajamento do público;
- Geração de leads;
- De onde a audiência vem (origem do acesso, que pode ser via uma publicidade ou post nas redes sociais, por exemplo);
- Taxas de retenção e aquisição de novos clientes;
- Taxa de conversão de vendas;
- Custo de Aquisição por Cliente (CAC);
- *Lifetime value* (LTV);
- Cancelamentos de clientes (*churn*);
- Receitas – entradas x saídas;
- Taxas de lucro e crescimento;
- Projeções de crescimento com base em ações desenvolvidas;
- Custo operacional.

Como investidor, você precisa observar as métricas o tempo inteiro para saber se o que estão fazendo está surtindo o efeito esperado – antes e após o investimento. Nas imagens a seguir, apresento os alertas que eu coloco para fazer uma checagem adicional ou ficar atento para *não* investir:

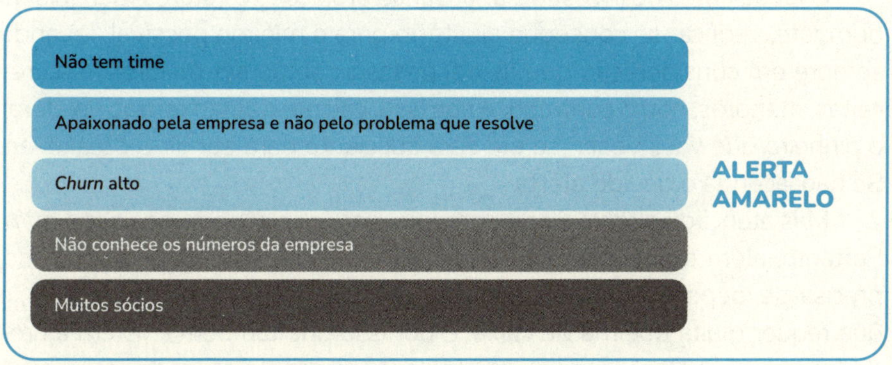

ALERTA VERMELHO

- Empreendedores não humildes e arrogantes
- *Cap table* bagunçado
- Desespero pela rodada ou pelo dinheiro
- Fundadores não *full time*
- Não tem mercado

Além dos aspectos mencionados no quadro de alertas amarelo e vermelho, muito importantes no quesito da atenção para correção antes de investir, quero destacar um item que não coloquei nesta lista de propósito: o *burn rate*. Apesar de ser um ponto de alerta, ele requer mais interpretação.

Em startups, apesar serem negócios de extrema incerteza e geralmente queimarem caixa rapidamente para escalar e exponenciar, o investidor deve se preocupar com essa medida. Explico.

O dinheiro do investidor pode acabar antes do tempo previsto se for mal utilizado. Quando for investir, verifique o motivo da queima de caixa mensal da startup – onde se gasta o dinheiro fala muito sobre o negócio. Por exemplo: se o dinheiro está indo todo para pró-labore, se está sendo investindo em marketing sem nenhum retorno...

A velocidade com que uma startup "queima" ou pretende gastar o dinheiro dos investidores é importante para definir a sua viabilidade. A questão é também verificar o risco de o dinheiro na mão dos empreendedores acabar antes da próxima rodada de investimento.

O ideal, antes de investir, é analisar as projeções e valores mensais do *burn rate*, verificar se consegue ajustá-lo para o mínimo possível, levando sempre em consideração que as despesas poderão ser maiores, e as receitas, menores, não o contrário. Após isso, calcule quanto tempo vai durar o dinheiro que vai investir, se ele será suficiente para atingir o *breakeven*. Se não, acenda o devido alerta.

Mas atenção ao *drive* de crescimento, para o qual pode-se usar o *burn*. Portanto, além de verificar se o dinheiro será suficiente para o equilíbrio, precisa-se, dependendo do estágio da startup, investir em exponenciar, o que requer muita queima de caixa. É por isso que também existem as rodadas de investimento e os objetivos do investimento em cada momento.

Sempre que alguém faz um investimento, precisa saber para onde o dinheiro está indo e qual retorno está dando. Basicamente, este é o papel fundamental das métricas ou KPI (*Key Performance Indicator* ou, em tradução livre, Indicador-Chave de Desempenho): conseguir medir o retorno sobre o seu investimento.

A ANÁLISE DE UM PITCH *DECK*

Como investidores, após o investimento queremos ver todas as informações financeiras anteriores de uma empresa até o momento e as projeções de pelo menos dezoito meses ou até o *breakeven*. Se possível até mais tempo, três anos, por exemplo.

Os investidores precisam saber a situação financeira específica da startup antes de investir, porque eles serão parte do negócio.

Portanto, é prática padrão para nós, como investidores, exigir dados financeiros existentes que documentem o estado atual da empresa, bem como demonstrações financeiras projetadas que nos deem alguma ideia do que o empreendedor acredita que será capaz de fazer e o que vai custar, se investirmos.

Essas projeções financeiras (incluindo não apenas o orçamento operacional, mas também a receita projetada e aumentos de capital) ajudarão a responder a questões importantes, tais como:

- O jogo vale a pena?
- O plano operacional é realista?
- A visão de receita é realista?
- De quanto mais capital a startup precisará para atingir o ponto de equilíbrio?
- Como são as margens?
- Como esse orçamento se compara aos padrões de mercado?

Claro, se a empresa for uma startup totalmente nova, que não gastou nada, não tem receita ou investimentos e não tem ativos, as demonstrações financeiras serão muito simples. Por outro lado, pode haver uma questão de quanto a empresa realmente vale.

Criou-se uma crença comum no mercado de que startups precisam captar muito dinheiro de investimento para crescer. De bate-pronto, um novo negócio precisa principalmente de três coisas: 1) alcançar o *breakeven*, isto é, o ponto de equilíbrio; 2) atingir o PMF, ou seja, ter um produto que satisfaça a real necessidade do mercado em que você está inserido; e 3) dinheiro do cliente.

No ecossistema de startups, todos conhecem a palavra pitch, que é usada "a rodo" por investidores e empreendedores. E não é para menos, afinal, fazer um bom pitch é o primeiro passo para quem deseja apresentar seu negócio e conquistar investimento, clientes e parceiros no mercado. No pitch mais comum, é usado um *deck de slides*, um dos elementos de uma apresentação que precisa ser bem elaborada para auxiliar o empreendedor na hora de vender o que está se propondo.

Muitos empreendedores ainda solicitam um NDA (*non disclosure agreement*) antes de mandar um *deck*. Bem, para mim, não faz sentido assinar nenhum documento antes de ter certeza de que vou seguir no investimento.

Para evitar e facilitar as coisas, se tiver mesmo interesse em olhar a oportunidade em uma determinada startup, solicite um *teaser* sobre o negócio.

Teaser não é um *deck*, é basicamente um resumo em uma página que descreve a oportunidade de negócios para os investidores. Já ouviu falar em *one-pager*? Trata-se de uma página, uma fotografia do "estado da arte" do negócio. Ou seja, em uma única página, você precisa detalhar tudo o que está oferecendo:

- O problema;
- A solução;
- O que e como faz;
- O mercado em que atua;
- Por que se destaca da concorrência;
- Os principais números e indicadores;
- Time com breve descrição;
- E apresentar a rodada de investimento.

O *one-pager* é mais simples e direto, um sumário de informações-chave que diz aos investidores por que eles devem se preocupar com sua ideia. É uma ferramenta com o intuito de provocar, estimular o interesse, que força o investidor a pensar claramente sobre a ideia e, principalmente, identificar por que ela é diferente e merece sua atenção.

Um *one-pager* provocador deve dizer: "Ei, sou uma startup atraente e acredito que você deveria dar uma olhada. Se meu negócio fizer sentido para você, vamos conversar".

Os investidores veem centenas de pitchs todos os dias. Lembramos apenas daqueles que nos chamam atenção. Por isso, vá separando e crie uma planilha para ir acompanhando e controlando isso.

Outro ponto importante: o *one-pager* e o pitch *deck* não devem substituir uma conversa real do investidor com o empreendedor. Eles fornecem informações suficientes para tornar o negócio atraente para investimentos sem dar todos os detalhes.

PRODUCT MARKET FIT

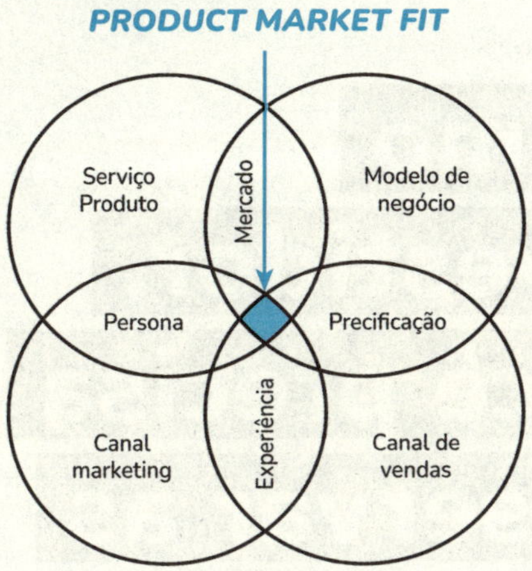

Vou contar um dos meus segredos como investidor: toda vez que alguém me diz ou reclama que não está conseguindo crescer, aparecer, vender ou que seu negócio não está dando certo, eu olho essa mandala do PMF (*Product Market Fit*) e tento perceber qual é o exato ponto da falha.

Analiso se a solução ofertada tem o modelo de negócio correto para o mercado adequado com a precificação exata e para o público certo. Se qualquer um desses pontos abaixo estiverem desalinhados, a empresa pode *não* alcançar o sucesso perene como deveria e, também por isso, pode não estar dando certo.

Para encontrar o PMF de um negócio escalável, é preciso ter os seguintes pontos bem definidos e alinhados:

- Uma solução (produto ou serviço) que gere valor e retenção de clientes;
- Um mercado definido que pode ser de nicho ou não;
- Uma persona que se encaixe nesta demanda de mercado;
- Um modelo de negócios adequado para a operação;
- Uma precificação correta para a persona;
- Um canal de marketing que gera novos leads constantes;
- Um canal de vendas que gera novas receitas constantes;
- Uma experiência que traga a recorrência, engajamento e fidelização.

O PMF é a *convergência* desses pontos, o encaixe perfeito entre vários fatores que, juntos, fazem a roda do seu negócio girar organicamente. É o

Como investidor, você precisa observar as métricas o tempo inteiro para saber se o que estão fazendo está surtindo o efeito esperado.

grau com que um produto ou serviço satisfaz a um público e a uma forte demanda de mercado. Nesse caso, a satisfação dos clientes se tornará um combustível para a geração de novas oportunidades de negócio.

Um negócio só terá relevância, influência, representatividade ou vendas se conseguir atender a vontade, a expectativa, a necessidade, a dor, resolver um problema ou gerar valor para alguém. Importante: na perspectiva deles, não só na sua.

No geral, as startups já nascem com o objetivo claro de crescer ou "escalar", como se diz no meio. Crescimento é bom, óbvio, mas tem que haver gestão e controle – e isso não pode ser obtido a qualquer custo. Dinheiro de investimento precisa ser carimbado para o equilíbrio e crescimento, não para sustentar o negócio por toda a vida. Nesse sentido, uma startup precisa ser capaz de se sustentar sem o dinheiro do investidor; se o investimento chegar ou quando chegar, será usado para fazer crescer e, se não chegar, ele deve ir de maneira orgânica mesmo, passo a passo.

Nenhum crescimento desenfreado se sustenta a longo prazo sem planejamento e muitas estratégias previamente definidas. O mercado é o juiz e não aceita amadores ou empreendedores achando que podem pular etapas, pelo motivo que for.

A minha análise sobre a saúde de uma startup passa por isso, pela fragilidade da dependência apenas do dinheiro dos acionistas ou de investimento para sobreviver. Risco é uma coisa, e quem investe em startups o conhece bem, mas a fragilidade de depender de muita dívida e de oscilações de mercado traça uma linha muito tênue entre o sucesso e a ruína. Uma startup não pode depender apenas de investimentos dos investidores para sobreviver.

Nunca se investiu tanto em startups, devido ao seu potencial de retorno atrativo. No entanto, volto a afirmar, tanto o empreendedor quanto o investidor necessitam saber precisamente quando, onde e como o dinheiro captado será empregado. Dinheiro que entra para custear operação corre o sério risco de morrer com ela.

Quando uma startup atinge o PMF, ela praticamente está pronta para uma rodada de investimento série A. Costumo dizer também que a série A só acontece após a startup encontrar o PMF.

ENXERGAR ALÉM DO ÓBVIO

Não é segredo para ninguém que, atualmente, boa parte dos negócios e das startups está sendo criada para solucionar um problema específico. E isso só se tornou uma realidade porque, em algum momento, os empreendedores passaram por determinada situação que os fez pensar em um produto/serviço que atenderia a pessoas como eles . Afinal, como já dissemos aqui, um negócio precisa atender a uma demanda.

O investidor deve ter a sensibilidade de enxergar além do óbvio, de olhar para onde todos estão olhando e enxergar o que ninguém está vendo. Muitas vezes, uma startup apresenta sinais que só um investidor experiente vai enxergar, como:

- De que forma, no longo prazo, ela vai continuar resolvendo esse problema?
- Como será o comportamento dos clientes amanhã?
- Algum grande player poderá comprar esse negócio?

SE A STARTUP TEM SIMILARES NO MERCADO, QUAL O *MOAT*?

Dificilmente, em um mundo com mais de 8 bilhões de pessoas, vai existir algo em que ninguém nunca pensou. Isso também vale para as startups. Assim, para essas empresas, o critério "eliminatório" não é se já existem negócios similares no mercado, mas sim o que chamamos de *moat*.

Moat é uma vantagem competitiva que uma empresa tem sobre todas as demais do mesmo setor de atuação. O *moat* deve incluir uma grande vantagem interna (do sentimento de proteção) e externa (de poder). Então qual é o seu *moat*? O que você faz que o protege e separa da concorrência? Qual o seu diferencial competitivo?

Para saber se um empreendedor tem um *moat*, existe um simples exercício: veja se a startup consegue aumentar o preço do serviço e os clientes continuam.

Eu sempre digo que, se a startup não é pioneira, ela deve ser a melhor. A sua análise de investimentos deve ser focada nesses dois aspectos.

Além disso, qual mercado ou quais médias ou grandes empresas essa startup atrapalha? Se isso acontece (ou acontecerá), a empresa certamente atingirá uma destas quatro alternativas:

1. A startup cresce;
2. A startup é engolida e morre;
3. A startup é comprada;
4. A startup fica patinando.

Que bom! Grandes negócios concorrentes compram startups estratégicas.

Os investidores mais experientes sabem que isso pode significar uma boa oportunidade para a startup, dado que, se essa tem um diferencial forte perante os grandes "players", as chances são maiores.

Por que as chances são maiores? Porque as grandes empresas são como um navio transatlântico, demoram a fazer uma movimentação ou dificilmente conseguem fazer um giro rápido. Já as startups são ágeis como uma lancha voadora, ou seja, conseguem mudar, pivotar e se adaptar com estrutura enxuta. Por isso, adquirir startups é a maneira mais comum, hoje em dia, de uma grande empresa fazer uma movimentação e inovar no mercado.

Portanto, a existência de negócios similares não deve desestimular os investidores.

STARTUP UNICÓRNIO, CAMELO, ZEBRA, BARATA, DRAGÃO OU CABRA-DA-MONTANHA – QUAL SEU ANIMAL PREFERIDO?

No mundo das startups, os animais, mitológicos ou não, têm significados importantes na escolha de que tipo de negócio buscar para investir. Mais do que diferenciar as empresas de acordo com o seu valor de mercado e maturidade, as diferentes nomeações dadas às startups facilitam a identificação do estágio e *modus operandi* de cada empresa.

Já começo dizendo que eu prefiro as cabras da montanha. As razões vocês vão ler a seguir.

- **Unicórnio**
  Com certeza você já deve ter ouvido o termo startups unicórnios. Este modelo corresponde às empresas avaliadas em mais de 1 bilhão de dólares antes de abrir seu capital em bolsas de valores.
  Podem ser citadas como características desse tipo de empreendimento o crescimento rápido e agressivo a qualquer custo e o foco em queimar caixa com rodadas sequenciais de investimento pra crescer. Nasceram para

serem gigantes! Não são tão raras hoje em dia porque o Brasil já tem mais de vinte startups unicórnios e, no mundo, elas somam aproximadamente 450.

Se você encontrou um unicórnio, vai ter que guardar muito dinheiro para fazer *follow on* e manter seu percentual no negócio nas diversas rodadas, cada vez maiores, até o *valuation* de 1 bilhão de dólares. Mas entenda uma coisa: você pode, sim, ser diluído, pois o que vai importar é muito mais o múltiplo do valor que você investiu. Se aportou 100 mil reais por 5% quando a startup valia 2 milhões de reais, ela for um unicórnio e você ainda fizer parte do *cap table*, seu percentual diluído será de apenas 0,0002%, mas o seu investimento inicial valeria, por baixo, pelo menos uns 10 milhões de reais no momento unicórnio.

- **Camelo**

  Assim como o próprio animal, as startups do tipo camelo têm a adaptação como a sua característica principal. Os camelos se adaptam a diferentes climas e ambientes, vivem com pouca comida por longos períodos em locais de difícil sobrevivência.

  Ao contrário do que ocorre com os unicórnios, crescer a todo custo não é prioridade para as camelos. Elas objetivam gerar resultados, mas avaliam sem pressa e com muita cautela todos os riscos envolvidos em suas decisões.

- **Zebra**

  Têm como objetivo um crescimento sustentável. Prevalece o equilíbrio entre lucro e retorno. As zebras são animais práticos; apesar de saberem andar rápido, entendem que não é preciso sacrificar o bem-estar e a normalidade em nome da corrida pelo crescimento. Seguem um propósito firme e bem estruturado. Ao contrário dos camelos, as zebras não sobrevivem sem comida. Essas, em muitos casos, terminam virando o que chamamos de *lifestyle* business, ou seja, podem ir nem bem, nem mal; viram uma empresa normal, sem novas rodadas de investimento.

- **Baratas**
  Sob a mesma lógica de persistência, surgem as startups barata no Brasil, aquelas que são capazes de sobreviver em qualquer ambiente e sob qualquer circunstância mesmo sendo perseguidas e levando chineladas. No entanto, elas dificilmente conseguem destaques justamente por viverem escondidas e em locais mais abandonados. Elas muitas vezes terminam comprando e pagando aos investidores o valor inicial investido.

- **Dragão**
  Uma startup dragão é aquela rápida, que cospe fogo, geralmente tem popularidade e marketing para conseguir ótimas rodadas importantes de investimentos e pode retornar, sozinha, todo o investimento realizado em uma carteira de investimentos. Ela nunca será um unicórnio, mas pode trazer retornos expressivos ao seu portfólio.

- **Cabra-da-montanha**
  A cabra-da-montanha é uma espécie de caprino que desenvolveu adaptações nas patas dianteiras e cascos para locomoção em superfícies íngremes. A adaptação permite que esses animais agarrem pedras com mais eficiência, escalando montanhas rochosas e inclinadas até conseguirem lamber o sal das pedras, o que faz parte de sua dieta.
  Explico por que essa é a minha opção no estágio anjo e pré-*seed*: os melhores empreendedores que conheço são aqueles que se arriscam e conhecem bem as etapas do desenvolvimento de uma startup, inclusive a fase *struggle* (a mais complicada e sem saída, quando o empreendedor se desespera e pensa em desistir). São os incomodados, que desenvolvem habilidades, novas competências, anticorpos, e fazem adaptações para subir em locais que poucos conseguem alcançar. Sabem dos sacrifícios e, mesmo

assim, enfrentam qualquer obstáculo com persistência e sem desanimar, para chegar aonde precisam chegar.

Eu digo que o empreendedor brasileiro parece mesmo com as cabras-da-montanha na luta pela sobrevivência, na resiliência para desenvolver seus projetos, para fugir de predadores e para se manter no mercado. Muitos não conseguem, caem e "morrem" pelo caminho, ao longo dessa jornada.

Trabalhar com os extremos é uma maneira de expor a startup, que tanto pode dar muito errado como pode gerar, na sequência, resultados grandiosos e exponenciais. E isso, sim, pode trazer grandes retornos aos investidores.

A maioria dos investidores ainda busca somente por unicórnios, mas eu procuro primeiro pelas startups que fazem adaptação nos "cascos" e conseguem, sem medo, escalar os penhascos da vida: as cabras-da-montanha. Para os nordestinos, esse tipo de cabra é conhecido como "cabra da peste"; que significa o homem sertanejo valente, destemido, corajoso e batalhador. Ou seja, um indivíduo forte, que sobrevive em meio a tanta adversidade.

Há, ainda, mais dois tipos de startups:

- **Zumbi**
  A startup pode virar "morta-viva". Os founders fazem bico para sobreviver, a equipe enfrenta uma perda de fé e pode se sentir à deriva e sem ideias. Isso requer intervenções drásticas.

- **Lifestyle Business**
  Um empreendedor lifestyle deseja trabalhar com algo que ama para garantir o sustento necessário para manter certo padrão de vida. No entanto, ele não está interessado em expandir a empresa, contratar funcionários, adotar processos, criar filiais, franquias etc.

VINTE FRASES QUE OS INVESTIDORES NÃO GOSTAM DE OUVIR

Uma oportunidade de contato/diálogo pode resultar tanto em uma parceria e até mesmo investimento quanto em distanciamento e recusa por parte do receptor, que, neste livro, são os investidores. E como, no geral, o dia a dia dos investidores é corrido e cheio de compromissos, quando é chegada a hora de avaliar um negócio, é preciso encontrar mensagens claras, consistentes e que vão direto ao ponto.

Com base na minha experiência, resolvi elencar vinte frases comumente usadas por empreendedores que desestimulam qualquer investidor e, abaixo de cada uma, explico o motivo. Vamos a elas:

1. Antes de começar, você pode assinar este NDA?
   Utilizar seu tempo para isso é totalmente desnecessário em um primeiro contato.
2. Nosso amigo em comum me recomendou falar com você.
   Isso pode levar o investidor a pensar se você realmente conhece a pessoa que está citando ou se apenas teve um minuto de conversa em um evento.
3. Seria incrível contar com seus conhecimentos no negócio!
   Você precisa ser mais específico, pois generalizações subentendem falta de conhecimento prévio.
4. Talvez possamos tomar um café algum dia?
   Se realmente deseja marcar um encontro, envie o convite com data específica.
5. [O empreendedor manda um e-mail]: Avise-me se você gostaria de receber mais informações e nosso *deck*.
   Em vez de perguntar antes, já envie o seu *deck*, seja objetivo e não perca a oportunidade. O investidor pode não abrir um segundo e-mail seu.
6. O nome da nossa empresa é traktopro.com.br.
   Por que escolher um nome difícil de falar e escrever? O investidor vai esperar que haja um bom motivo.
7. Nós somos o X para Y, mas com AI, redes neurais e alguns blocos polvilhados lá, mas utilizando a computação de ponta. Talvez ICO também.
   Para mostrar domínio e conhecimento técnico, nem sempre é necessário usar termos que ninguém vai entender; pelo contrário,

isso pode transparecer insegurança ao investidor. Regra básica: se quer vender algo, faça-se compreendido.

8. Somos os primeiros a fazer isso e não temos concorrência.

   Na cabeça do investidor na hora passa "Isso não é verdade, e acabei de me encontrar com uma dúzia de startups similares com mais tração".

9. Estamos em negociações e trabalhamos com muitas empresas no momento, mas não podemos dizer quem são.

   Frases como essa podem levar o investidor a presumir que sua empresa está fazendo testes gratuitos e, em alguns meses, só converterá alguns em clientes.

10. Estamos tentando levantar investimento para construir alguns projetos e fazer algumas contratações.

    Pode transparecer falta de preocupação, como se você não soubesse o que está fazendo e não tivesse controle.

11. Basta conseguir 1% do mercado.

    Qual o mercado? Como foi esse estudo? Qual a validação para respaldar isso? São muitos os questionamentos que podem ser levantados.

12. Temos muito interesse, mas ninguém vai se comprometer até que tenhamos um investidor principal.

    A maioria dos investidores aguardará até que você tenha a liderança para todos, isso é fato.

13. Temos um investidor principal!

    Só diga isso caso seja verdade. Do contrário, vai parecer que você está "tentando jogar" ou distorcendo a verdade.

14. Temos os melhores mentores.

    Parece vago e dá a impressão de que são só alguns grupos de pessoas com quem você fala esporadicamente.

15. Estamos projetando 100 milhões de dólares de receita em cinco anos.

    Cuidado com número exorbitantes e informações sem fundamento, pois podem soar como despreparo.

16. Você acha que outros investidores estariam interessados?

    Não se preocupe em perguntar isso. Caso o investidor conheça outros interessados, certamente compartilhará essa informação com eles.

17. Google, Apple, Facebook e/ou Amazon nos adquirirão quando os vencermos, porque eles não podem fazer o que fazemos.

    Tenha cuidado com informações sem embasamento. Você conhece alguém dessas empresas? Tem algum fundamento para afirmar isso? Caso a resposta seja não, evite falas como essa.

18. O impossível é só questão de opinião!
    Não use frases prontas de efeito, seja o mais realista possível. Sonhadores que "viajam" são detectados facilmente.
19. Vamos crescer muito sem grandes investimentos.
    Não faça afirmações sem antes ter certeza. Se não aumentar sua capacidade operacional, como vai atender às demandas que vão surgir?
20. Minha ideia/negócio é incrível e promissora, isso basta.
    Frases assim podem passar a ideia de ingenuidade ou prepotência para se alcançar o que deseja. Evite-as.

ENCONTREI A STARTUP DOS MEUS SONHOS, E AGORA?

Até aqui, mostrei como funciona, dos dois lados, todo o processo até que finalmente o empreendedor encontre o seu investidor dos sonhos, e o investidor, um negócio no qual realmente acredite e do qual queira fazer parte. Agora, vou mostrar a parte burocrática e prática deste acordo, ou seja, tudo o que envolve o acerto entre investida e investidor.

Um dos pontos mais analisados pelos investidores para chegar a esse nível de negociação é o empreendedor ter demonstrado sua capacidade de execução, tendo tração ou, no mínimo, a elaboração da prova de conceito ou MVP do seu produto ou serviço. Essas características de "fazer acontecer" serão fundamentais nas etapas que se sucedem ao "sim".

Ou seja, o processo de uma startup para conseguir investimento pode ser dividido em duas etapas: estruturação do negócio e captação do investimento. Uma vez que é aberta uma rodada de captação, os empreendedores podem ainda recorrer a um personagem que vou apresentar agora a vocês: o *advisor*.

Caso o fundador esteja inseguro ou, principalmente, se a rodada tiver um valor considerável em jogo, recomenda-se buscar um conselheiro experiente (*advisor*) para ajudar no desenvolvimento de todas as etapas em troca de uma pequena participação no negócio. O conselheiro poderá inclusive se tornar investidor líder na startup e puxar a rodada.

Depois de fechar os principais termos da negociação (*term-sheet*), os contratos são assinados e o investimento é efetivado. Nos próximos tópicos, vou entrar efetivamente nessa parte de contratos e acordos, mas, de maneira objetiva, é assim que acontece depois do "sim".

É nesta fase também que o empreendedor precisará "provar" tudo o que disse para fechar o negócio com o fundo ou investidor-anjo. Será necessário apresentar documentos, balanços, certidões negativas, entre outras informações. Para essa etapa damos o nome de *due diligence*, um processo de comprovação. E, sim, caso o empreendedor tenha omitido informações ou mentido sobre algo, o investidor tem o direito de não efetuar a assinatura final do contrato de investimento. Lembra que em vários momentos eu reforcei a importância de o empreendedor ter a casa em ordem e ser sincero com os possíveis investidores? Queimar seu filme aqui, nesta altura do campeonato, pode representar uma perda inestimável de reputação.

Por outro lado, documentos reunidos, ambas as partes de acordo com tudo que os contratos apresentam: o negócio está próximo de ser fechado.

Além disso, é essencial estar com o *cap table* atualizado. Vale lembrar aqui que *capitalization table* é caracterizada como uma tabela onde são descritos quem são os sócios de uma empresa e incluídos também detalhes sobre a participação real de cada um deles na startup. Mais para a frente, quando falar de diluições, explico e mostro um modelo prático. Isso porque nem sempre o contrato social será suficiente para demonstrar o *cap table*, pelo que, nestas hipóteses, precisa ser apresentado de outra forma. O principal objetivo de manter o *cap table* atualizado é evitar questões e problemas futuros em relação aos direitos e à participação dos sócios de uma empresa, bem como manter-se saudável e organizada, o que a torna mais transparente e, logo, mais atrativa para potenciais investidores.

O que será efetivamente avaliado de agora em diante e que, depois de assinado o contrato, o investidor/fundo poderá auxiliar a definir:

- Produção/serviços: a área de produção/serviços define os métodos que serão utilizados para a entrega de todos os produtos e serviços;
- Gestão da informação: o gerenciamento de informações diz respeito aos métodos que a organização tem para proteger os dados empresariais, materiais impressos e todas as mídias que são usadas para apoiar o negócio. Todos os controles pessoais de privacidade e segurança precisam ser avaliados aqui também;
- Vendas e marketing: aqui, são avaliados os métodos utilizados para precificação, bem como análises competitivas e estratégicas (análise SWOT);
- Organizacional: estrutura formal e informal do negócio. Como é a estrutura organizacional da empresa?

- Pessoal: análise da relação de trabalho entre o negócio e seus funcionários, incluindo os papéis e a autoridade da equipe de gerenciamento;
- Operações financeiras: análise dos controles financeiros (resultados econômicos x resultados financeiros), relatórios gerenciais, orçamento empresarial e projeções;
- Operações jurídicas: define todas as autoridades legais, licenciamento e controles necessários para apoiar o negócio de maneira contínua.

QUANTO DEVO INVESTIR?

Como a taxa de retorno que você obtém por meio de suas atividades de investimento será multiplicada pelo valor investido, determinar a quantia que você está preparado para investir em cada oportunidade é muito importante para um investidor de startup.

Em primeiro lugar, tendo em mente que o investimento-anjo profissional é uma atividade de longo prazo, é importante se comprometer com a consistência ao longo do tempo. Portanto, digamos que você investirá por cinco anos. O valor que investe a cada ano pode ser baseado em uma porcentagem de sua carteira geral de investimentos, uma porcentagem de sua renda anual ou uma combinação de ambos. A maioria dos especialistas sugere que, devido ao risco e à volatilidade dos investimentos privados, você não deve dedicar mais do que 10% de sua carteira de investimentos a essa classe de ativos.

Em seguida, como estamos seguindo a diversificação, é importante comprometer-se a investir em muitos empreendimentos diferentes. Tendo como meta um portfólio de pelo menos quinze startups, isso significa que você fará pelo menos três investimentos por ano.

Deve-se também considerar que, como toda startup sempre precisa de mais dinheiro, você precisa reservar uma quantia adicional para ter a opção de participar das rodadas subsequentes. Minha sugestão é que você reserve 30% para *follow on*.

Para um investidor qualificado com 2 milhões de reais em ativos de investimento, uma quantia razoável a ser considerada como um tamanho de cheque inicial para investimentos-anjo pode ser algo como:

R$ 2 milhões = 15 startups × 93 mil cada + 600 mil para *follow on*

VALUATION: COMO CALCULAR E POR QUE ISSO IMPORTA?

O *valuation* é uma prática que tem como objetivo descobrir quanto vale uma empresa. Para isso, é levada em consideração uma série de fatores e critérios de avaliação. Podemos citar o fluxo de caixa, patrimônio, endividamento, volume de vendas e assim por diante. Tudo vai depender do método escolhido para fazer o *valuation*.

Se avaliar empresas maduras, para as quais dispomos de quase todas essas informações, já não é apenas uma ciência exata e depende também do *know-how* do avaliador. Como, então, avaliar uma startup que normalmente tem um histórico muito limitado e que por vezes sequer tem receitas?

Nesse sentido, os principais critérios que são mais subjetivos e que também costumam ser considerados durante esse processo são:

- Tamanho do mercado em que a startup atua;
- Barreira de entrada e concorrentes;
- Parcerias;
- Nível de inovação operacional;
- Proposta de valor das soluções oferecidas;
- Grau de obsolescência das soluções;
- Ativos intangíveis (valores, cultura organizacional etc.);
- Plano de negócios.

Partindo da premissa de que a maioria dos aportes de fundos de venture capital ocorre por meio do lançamento de novas ações, temos uma situação em que o dinheiro do investidor se soma ao valor da empresa pré-investimento, ou *pre-money*. O valor final da soma do investimento mais o *pre-money* é o *post-money*.

Na prática, funciona assim: por exemplo, se o valor da empresa antes do investimento, o chamado *valuation pre-money*, é de 4 milhões de reais, e o aporte do investimento é de 1 milhão de reais, você deve somar os valores para chegar ao *valuation post-money*.

Valuation post-money = R$ 4 milhões + R$ 1 milhão = R$ 5 milhões

A participação do investidor será sempre uma parcela da soma final das partes, nunca do valor da empresa antes do investimento.

Participação do investidor = uma parte de cinco = 1/5 = 20%.

Atualmente, existem diferentes metodologias conhecidas para calcular o *valuation*, como: fluxo de caixa descontado, venture capital, avaliação de fatores de risco, método Berkus, *terminal value*, *scorecard*, *first Chicago*, negociações comparáveis, valor contábil, entre outros.

Elas são empregadas utilizando variados parâmetros, como margens operacionais, índices de liquidez, performances históricas, projeções e expectativas futuras, múltiplos de Ebitda etc.

Vou me ater, contudo, aqui a apenas três métodos e a uma ferramenta de cálculo automatizado que engloba e mixa alguns deles.

Lembrando que o *valuation* de uma startup representa o preço que algum investidor de risco está disposto a pagar para participar de um retorno futuro e incerto. Quanto menos distante e menos incerta essa possibilidade de retorno e quanto mais claros os números, resultados e perspectivas, mais racional será o *valuation* e maiores serão as chances de um investidor entrar no negócio.

Dito isso, os três métodos mais comuns de chegar ao *valuation* de startups são:

- **Total de ativos + lucro líquido**
  Este método tem uma abordagem mais focada nas finanças da startup e, por isso, não tem muito segredo. Para calcular o *valuation*, basta somar todos os ativos e os resultados obtidos pelo balanço fiscal mais recente.
  Exemplo: se a startup tiver 100 mil reais em ativos acumulados (dinheiro em caixa ou em banco, contas a receber, matéria-prima, mercadorias, maquinário, aplicações financeiras de curto prazo, imóvel) e um total de 50 mil reais em lucro líquido no último balanço, o *valuation* será de 150 mil reais.
  Apesar de simples e bastante conservador, este método é mais recomendado para quando vai fechar o negócio ou quando a startup vira uma empresa normal com seu valor somente contábil ou financeiro, na qual não existirá um *valuation* percebido por investidores e mercado.

- **Base zero**

  A metodologia base zero é também uma forma bem simples de como calcular o *valuation* de uma startup. O raciocínio é o seguinte: quanto dinheiro um empreendedor precisaria dispor para conseguir erguer, do zero, uma empresa com características e segmento de atuação semelhante ou igual a sua startup? O *valuation*, então, será o valor que você encontrar para responder a essa pergunta.

  Para isso, é preciso considerar todos os ativos tangíveis que a empresa possui. Suponhamos que, após a soma de todos os investimentos com aluguel do espaço, matéria-prima, contratação de pessoal, produtos em estoque, impostos, taxas etc., você tenha chegado ao total de 200 mil reais. Este, então, será o valor de mercado do negócio.

	Mês 1	Mês 2	Mês 3	Mês 4	Mês 5	Mês 6	Mês 15
Receitas	R$ 0	R$ 1.000,00	R$ 3.000,00	R$ 6.000,00	R$ 10.000,00	R$ 15.000,00	R$ 30.000,00
Investimento	R$ 1.000,00	R$ 2.000,00	R$ 2.000,00	R$ 2.000,00	R$ 2.000,00	R$ 2.000,00	R$ 2.000,00
Despesas variáveis	R$ 5.000,00	R$ 3.000,00	R$ 2.500,00	R$ 3.000,00	R$ 2.000,00	R$ 2.000,00	R$ 2.000,00
Despesas fixas	R$ 10.000,00	R$ 10.000,00	R$ 10.000,00	R$ 10.000,00	R$ 10.000,00	R$ 15.000,00	R$ 10.000,00
	R$ (16.000,00)	R$ (14.000,00)	R$ (11.500,00)	R$ (9.000,00)	R$ (4.000,00)	R$ (4.000,00)	R$ 16.000,00

- **Venture capital**

  É a forma mais complexa e também a melhor de fazer *valuation* de startups com mais tempo de atuação. Por isso, é usado em empresas mais consolidadas no mercado e com um faturamento mais bem definido. Basicamente, essa metodologia de *valuation* mostra o quanto de lucro o seu potencial investidor vai ter, a médio ou longo prazo, se investir na empresa hoje. Ou seja, o *valuation* por venture capital avalia se vale a pena ou não injetar dinheiro na sua ideia.

  Para aplicar o VC, é preciso ter em mente quatro informações fundamentais:

  - Quanto você pretende investir na empresa;
  - Uma estimativa de faturamento anual;
  - A projeção de receita para o ano de resgate do investimento (cinco anos);
  - A margem líquida esperada para esse mesmo período.

Este método de calcular o *valuation* de uma startup tem como base também o múltiplo P/L (Preço sobre Lucro) do mercado em que sua empresa está inserida e a taxa de desconto que o investidor espera receber do investimento que vai fazer no seu negócio. O primeiro passo, então, é estimar a margem líquida no ano previsto para a retirada do investimento. Depois, deverá ser projetada a receita para o mesmo ano para que se possa chegar ao lucro líquido.

Em seguida, calcula-se o valor da sua startup no final do período estipulado após o investimento. Para isso, basta multiplicar o lucro líquido pelo múltiplo P/L. Para atualizar esse valor que você acabou de encontrar para o presente, é preciso dividi-lo pela taxa de desconto que o seu investidor estabeleceu. Feito isso, chega-se ao valor da startup após o investimento. No entanto, esse ainda não é o resultado que estamos procurando.

O que nos interessa saber é o valor da empresa antes do investimento. Para isso, é preciso pegar o valor que você acabou de encontrar e subtrair a quantia que o seu investidor aplicou na sua startup.

FERRAMENTA AUTOMATIZADA DE *VALUATION* SME

O sistema *valuation* SME propõe uma análise simples, porém completa, principalmente para startups nos estágios de aceleração, anjo, pré-*seed* e *seed*. O método consiste em um conjunto de dados inseridos em quatro blocos: *overview*, *financials*, *scorecard* e *risks*.

Para fazer o *valuation* na ferramenta, são utilizados valores baseados em resultados, projeções, na necessidade de investimento, nos fatores técnicos, de risco e de sucesso. A ferramenta criada aprende ainda com os resultados e, de acordo com a própria assertividade, vai aperfeiçoando o sistema, pois foi desenvolvida utilizando de inteligência artificial.

A ferramenta traz uma abordagem muito mais abrangente comparada ao método tradicional de venture capital, por exemplo, que depende muito da visão, da expectativa, do estágio e da tese do investidor. São avaliados de maneira qualitativa vários aspectos de um negócio, trazendo uma abordagem ampliada para a precificação de uma startup.

É praticamente uma consolidação de todos os métodos, sendo aplicável para uma startup brasileira nos estágios iniciais. Assim, a estimativa de *valuation* final apontada pelo método é baseada em cada aspecto e em dados inseridos (autodeclaração) que resultam em um cálculo interno levando em consideração pontuações, múltiplos, médias, critérios com seus respectivos pesos, indicadores e comparáveis das startups investidas por mim nesses últimos dez anos. A margem de erro é de até 10% para mais ou para menos, com seus respectivos pesos.

Neste caso, a expectativa de *valuation* final é uma média aritmética de cinco cálculos independentes feitos de acordo com os números financeiros. A esse valor final, é acrescido ou decrescido uma porcentagem calculada a partir da soma das respostas dos critérios *scorecard* e fatores de risco.

A ferramenta já passou por validação de aproximadamente 50 mil startups (até a publicação deste livro) com um índice de acertos de 87%.

Faça o teste agora com a ferramenta gratuita. Acesse valuation.sme.com.br ou aponte a câmera de seu celular para o QR Code.

Veja os critérios utilizados e o racional do cálculo da ferramenta:

CRITÉRIO 1 – *FINANCIALS*

É a média aritmética de vários *valuations* calculados de acordo com cada métrica ou expectativa financeira preenchida. Para cada métrica, é calculado um *valuation* máximo e mínimo de acordo com múltiplos, que mudam a cada métrica. Também é incluído na média o *valuation* calculado de acordo com o equity que o empreendedor deseja ceder e o valor esperado do aporte.

CRITÉRIO 1

FINANCIALS

Tenha seus dados atualizados para um cálculo mais preciso.

ATENÇÃO:
CONFIRA OS CAMPOS COM CUIDADO. CASO HAJA ALGUM ERRO, ISSO REFLETIRÁ NO *VALUATION*.

Se sua empresa tem faturamento, qual a receita bruta mensal (ou MRR)? ?

R$ 0

Se teve faturamento, qual a receita bruta (ou ARR) que teve somada nos últimos doze meses? ?

R$ 0

Em uma conta realista e "pé no chão", qual a expectativa de receita bruta somada para os próximos doze meses (sem contar com investimento externo)? ?

R$ 0

A startup já atingiu o ponto de equilíbrio – *breakeven* (receita maior ou igual à despesa)? ?

Selecione

Se sua margem mensal é NEGATIVA (despesa maior que a receita), informe aqui qual é o valor mensal ?

R$ 0

Se sua margem mensal é POSITIVA (receita maior que despesa), informe aqui qual é o valor mensal ?

R$ 0

Atualmente está procurando investimento? ?

Selecione

Observações:

Prioridades

A lista a seguir está ordenada por prioridades. Elas são usadas de maneira a valorizar mais os *valuations* calculados usando como base as métricas mais importantes, tendo, assim, um peso maior.

Caso alguma a métrica não seja preenchida, ela não será considerada na média final.

Cálculo e racional da lista de métricas

Prioridade 1 – Margem bruta positiva mensal

Valor × 12 meses × 15 (múltiplo) = *Valuation* mínimo

Valor × 12 meses × 20 (múltiplo) = *Valuation* máximo

$$Valuation\ 1 = \frac{(valuation\ \text{máximo} + valuation\ \text{mínimo})}{2}$$

Prioridade 2 – Receita bruta mensal

Valor × 12 meses × 8 (múltiplo) = *Valuation* mínimo

Valor × 12 meses × 12 (múltiplo) = *Valuation* máximo

$$Valuation\ 2 = \frac{(Valuation\ \text{máximo} + Valuation\ \text{mínimo})}{2}$$

Prioridade 3 – Receita bruta dos últimos doze meses

Valor × 8 (múltiplo) = *Valuation* mínimo

Valor × 10 (múltiplo) = *Valuation* máximo

$$Valuation\ 3 = \frac{(Valuation\ \text{máximo} + Valuation\ \text{mínimo})}{2}$$

Prioridade 4 – Expectativa de receita bruta dos doze meses

Valor × 6 (múltiplo) = *Valuation* mínimo

Valor × 9 (múltiplo) = *Valuation* máximo

$$Valuation\ 4 = \frac{(Valuation\ \text{máximo} + Valuation\ \text{mínimo})}{2}$$

Prioridade 5 – Rodada atual

$$Valuation\ 5 = \frac{\text{Equity que pretende ceder}}{\text{Valor que pretende captar}}$$

Valuation Final números financeiros

$$\frac{(Valuation\ 1 + Valuation\ 2 + Valuation\ 3 + Valuation\ 4 + Valuation\ 5)}{\text{Número de campos preenchidos}}$$

Note que o múltiplo muda conforme a resposta para cada pergunta. Usamos na ferramenta um múltiplo mais conservador na prioridade 4, pois se trata de uma expectativa em que, muitas vezes, se coloca valores superestimados em autodeclaração.

CRITÉRIOS 2 E 3 – *SCORECARD* E FATORES DE RISCO

A soma das respostas de cada pergunta precisa ser transformada em percentual e acrescida ao *valuation* final obtido pelas métricas financeiras, podendo, assim, aumentar ou diminuir o resultado em até 40% para mais ou para menos. Esse valor é chamado de *score* percentual.

CRITÉRIO 2

SCORECARD

Coloque o seletor na posição mais adequada.
Se não souber responder ou não se aplicar, deixe em "Neutro".

Qual seu estágio operacional?

Qual seu CAC (Custo de Aquisição de Clientes)?

MUITO BAIXO | NEUTRO | MUITO ALTO

Qual seu LTV (*lifetime value*)?

MUITO BAIXO | NEUTRO | MUITO ALTO

Ciclo de vendas (tempo para fazer uma venda)

MUITO CURTO | NEUTRO | MUITO LONGO

Qual seu *churn*?

MUITO BAIXO | NEUTRO | MUITO ALTO

Tamanho de mercado

MERCADO PEQUENO (inferior a R$ 200 milhões) | NEUTRO | MERCADO GIGANTE (vários bilhões)

Potencial de escala

MUITO PEQUENA | NEUTRO | MUITO GRANDE

Possibilidade de saída (venda futura)

MUITO PEQUENA | NEUTRO | MUITO GRANDE

Já atingiu PMF (*Product Market Fit*)?

ESTOU LONGE | NEUTRO | JÁ ATINGI

CRITÉRIO 3

FATORES DE RISCO

Coloque o seletor na posição mais adequada.
Se não souber responder ou não se aplicar, deixe em "Neutro".

Risco técnico ou regulatório

RISCO BAIXO — NEUTRO — RISCO ALTO

Existe concorrência/competidores?

POUCA CONCORRÊNCIA — NEUTRO — MUITA CONCORRÊNCIA

O time atual tem capacidade de entregar o que promete?

POUCA CAPACIDADE — NEUTRO — MUITA CAPACIDADE

Tecnologia própria?

NÃO É PRÓPRIA — PARTE PRÓPRIA — TOTALMENTE PRÓPRIA

Risco de conflito entre fundadores?

RISCO BAIXO — NEUTRO — RISCO ALTO

Gestão profissional?

GESTÃO NÃO PROFISSIONAL — NEUTRO — GESTÃO PROFISSIONAL

Risco político?

RISCO BAIXO — NEUTRO — RISCO ALTO

Risco jurídico?

RISCO BAIXO — NEUTRO — RISCO ALTO

Cálculo e racional dos critérios 2 e 3

Para cada resposta, atribuímos valores que vão de –1 a 1, exceto para as perguntas a seguir, que têm peso maior:

- Estágio operacional;
- Tempo para *breakeven;*
- Duração do valor do aporte desejado.

EXPECTATIVA DE *VALUATION* FINAL

Valuation final números financeiros + *Score* percentual
(Sendo o *score* percentual o somatório de todas as respostas.)

Mais de 10 mil startups já utilizaram essa ferramenta com 86% de alcance positivo da expectativa do resultado de *valuation* no final do cálculo.

DILUIÇÕES, *FOLLOW ON* E *CAP TABLE*

Rodada de investimento é um processo de *fundraising* realizado pelas startups. Isso significa que é o momento em que essas empresas buscam recursos para o crescimento e desenvolvimento de suas soluções em massa. Entretanto, é importante já esclarecer dois pontos: não é recurso para apagar incêndio e quitar dívidas e pode, sim, ter *burn rate*, como já explicamos, mas deve ser focado em crescimento.

Dificilmente uma startup receberá um único investimento ao longo de seu processo de crescimento. Na verdade, é até ideal que isso aconteça (tenha mais que um investimento), porque representa, inclusive, que o negócio está atrativo e ganhando escala. Logo no início, na fase de ideação da startup, é comum que os próprios sócios precisem financiar o desenvolvimento da sua ideia: é o chamado *bootstrapping*. Também é a fase de recorrer aos famosos três Fs: *friends*, *family* e *fools* (amigos, família e tolos).

Depois disso, como já estudamos, são diversas as possibilidades de investimento: (equity) *crowdfunding*, *seed capital*, venture capital, *private equity*, aceleradoras, entre outros. O tipo de investidor ideal vai mudar de acordo com o lugar em que a startup estiver, já que, no caminho entre o MVP e o IPO, existem muitas etapas a serem superadas.

O investidor deve ter a sensibilidade de enxergar além do óbvio, de olhar para onde todos estão olhando e enxergar o que ninguém está vendo.

Uma dica importante para os investidores e que precisa ser internalizada para todos os empreendedores: essa jornada é longa, por isso, nas primeiras rodadas de investimentos (que normalmente envolvem valores menores), é importante não comprometer uma parcela muito significativa do capital social da startup. O recomendado é que a primeira rodada não ultrapasse 15% do capital, mas isso vai depender da análise de cada caso, considerando variáveis como *valuation* da startup, valor do aporte, relevância do investidor para o ecossistema, entre outros.

Assim, o importante é ter em mente – na hora de negociar a sua participação – que a startup passará por outras rodadas de investimentos. Por essa razão, comprometer uma parcela muito grande do capital logo no início pode acabar implicando a diluição dos sócios fundadores no futuro. Não se esqueça jamais de que, quando se trata de startups, todas as ações devem ser pensadas a médio e longo prazo. Já vi muitos fundadores se arrependerem "por não terem pensado nisso antes".

Além disso, nem sempre o investidor vai querer converter a sua opção e se tornar sócio, afinal, as startups são empreendimentos de alto risco, e os investidores sabem disso. Com o seu encerramento, não é incomum restarem dívidas a serem pagas, sejam elas bancárias, trabalhistas, tributárias ou de outras naturezas. Essas dívidas podem atingir os ex-sócios e, até mesmo, o sócio investidor – dependendo do contrato estabelecido.

Por essa razão totalmente compreensível, muitos investidores adotam a estratégia de não se tornarem sócios da startup no primeiro momento. Como? Funciona assim: emprestam dinheiro para a startup (operação de *debt*) e, se tudo der certo, convertem o empréstimo em participação no capital social da startup (operação de equity).

E não se preocupe se você não faz a menor ideia do que esses termos e contratos significam. Na verdade, quem precisa saber é o advogado que vai acompanhá-lo em todas as etapas da negociação. Se tem uma assessoria de que não se pode abrir mão nestes momentos decisivos para uma empresa é a jurídica. Atualmente, no mercado, existem tanto advogados especializados quanto escritórios que focam o ecossistema empreendedor. Ao firmar esses instrumentos, algumas cautelas são fundamentais.

É necessário avaliar com cuidado as regras de conversão e não conversão do débito: o investidor estará obrigado a converter em alguma hipótese? Ou a conversão é uma escolha dele, puramente discricionária? Além disso, caso o investidor decida não converter o débito em capital social, o que acontecerá com a dívida? A startup precisará pagar o empréstimo? Com juros e multa? Ou a dívida será perdoada? Ainda sobre esse assunto, é relevante observar que, em caso de perdão de dívida, haverá incidência de imposto sobre doação (ITCMD), cujo cálculo e procedimento de recolhimento varia de estado para estado. E essas são apenas algumas das perguntas a se fazer neste momento... existem outras.[12]

Como eu já disse, é imprescindível que as regras estejam claras para as partes e bem estabelecidas nos instrumentos contratuais. Uma vez assinado, não dá para voltar atrás e se arrepender disso ou daquilo. Aliás, até dá, mas você terá que arcar inclusive com as consequências jurídicas disso.

Bom, seguindo. Vocês estão atentos e negociaram uma fatia razoável do capital e decidiram os termos gerais da operação de investimento. Agora, está na hora de dar o passo seguinte: negociar as regras do jogo. O que quero dizer com isso? Que é também nesta fase que as responsabilidades e "poderes" de cada um precisam ser definidos.

Qual o papel do investidor na empresa? Vocês estão alinhados em relação a isso? Não adianta fechar na empolgação para depois pensar em como lidar com isso no dia a dia. Os conflitos na gestão certamente vão aparecer: desde opinar sobre os assuntos mais triviais até a indicação de um diretor financeiro ou a possibilidade de veto em questões como a distribuição de lucros e remuneração dos diretores. Um assento no conselho para o investidor e um bom acordo de acionistas podem resolver essa questão.

Mais uma vez, o equilíbrio e o bom senso precisam prevalecer. Investidores e/ou fundos só fecham negócio se tiverem o mínimo de controle sobre seu investimento, isso é fato. Entretanto, quem toca a empresa efetivamente é o empreendedor, por isso, estabelecer limites é fundamental para não estressar a relação.

12 No final do livro, será disponibilizado acesso a alguns documentos para que os investidores tenham total noção de como funciona na prática.

DILUIÇÕES

Diluições do empreendedor por rodada de investimento

Diluições	Sócios	Primeira rodada	Segunda rodada	Terceira rodada	Quarta rodada	Quinta rodada
10%	Empreendedores investidores	90% 10%	81% 19%	73% 27%	66% 34%	59% 41%
15%	Empreendedores investidores	85% 15%	77% 28%	61% 39%	52% 48%	44% 56%
20%	Empreendedores investidores	80% 20%	64% 36%	51% 49%	41% 59%	33% 67%
25%	Empreendedores investidores	75% 25%	56% 44%	42% 58%	32% 68%	24% 76%
30%	Empreendedores investidores	70% 30%	49% 51%	34% 66%	24% 76%	17% 83%
35%	Empreendedores investidores	65% 35%	42% 58%	27% 73%	18% 82%	12% 88%

Nesse quadro, feito pela Endeavor, depois de cinco rodadas de investimento, cedendo 10% a cada rodada para investidor, os empreendedores ainda ficariam com 59% da empresa. Por outro lado, se as diluições forem na casa dos 35%, após cinco rodadas de investimento, os empreendedores teriam apenas 12% da empresa. Uma diferença considerável.

Os espaços em cinza são as situações nas quais os empreendedores permaneceriam com mais de 50% das ações da empresa. Se fizermos um paralelo com as rodadas clássicas da indústria do venture capital – anjo, pré-*seed*, *seed*, série A e série B, começamos a ter uma ideia de quando os empreendedores poderiam perder o controle societário.

FOLLOW ON: VOCÊ SABIA?

Uma das maiores dificuldades, enquanto investidor-anjo, é ter um limite de capital para investir nas startups, como estratégia de diversificação. Se esse capital não volta, não há como fazer novos investimentos. Outro fator que pode complicar a rotina dos investidores é a falta de *exits*, ou venda das startups investidas. Quando tais negócios recebem novas rodadas de aportes, isso não significa que o anjo poderá retirar o dinheiro que investiu e continuar procurando novos negócios. É um ganho de capital não realizado. O capital do investidor-anjo cresce em proporção de participação, já que o *valuation* da startup aumentou, mas isso não representa um investimento em liquidez. Na média mundial, o retorno de um aporte em startups leva de 6 a 8 anos.[13] Nesse processo, a startup deve dar sua anuência ao contrato de compra secundária de participação, mas todo o dinheiro da venda da participação irá para o investidor-anjo. Após a concordância de todas as partes, o pagamento é feito ao investidor e as cotas de participação são transferidas.

Em suma, em uma nova rodada de investimento, o investidor pode optar pelo *exit* ou por fazer o que conhecemos como *follow on*, que é quando um fundo opta por investir uma pequena porcentagem para não diluir a participação com a entrada de novos investidores. Imagine que uma startup está participando de uma nova rodada. Você, como investidor antigo daquele negócio, opta pelo *follow on*. Essa atitude fará com que o investimento inicial que você havia realizado não seja diluído pela nova rodada.

CAP TABLE

As tabelas (ou planilhas) de capitalização têm como objetivo registrar a participação acionária de uma empresa. Veja a seguir um modelo.

Tabelas de simulação para diluição

Fundadores	
Valuation estimado	0
Percentual Negócio	**%**
Fundador 1	50,00%
Fundador 2	50,00%
Total percentual	100,00%

Aceleradoras		
Valuation estimado	R$ 1.000.000,00	
Valor do aporte	R$ 100.000,00	
Percentual Negócio	**%**	**Fator diluição**
Fundador 1	45,00%	0,1%
Fundador 2	45,00%	0,1%
Aceleradora	10,00%	
Total	100,00%	

13 KEPLER, J. Por que não investir em startups? **João Kepler**, 20 fev. 2018. Disponível em: joaokepler.medium.com/por-que-não-investir-em-startups-16c815539972. Acesso em: 3 mar. 2021.

Investimento-anjo		
Valuation estimado	R$ 2.160.000,00	
Valor do aporte	R$ 216.000,00	
Percentual Negócio	**%**	**Fator diluição**
Fundador 1	40,00%	11,11%
Fundador 2	40,00%	11,11%
Aceleradora	10,00%	sem diluição
Investidor-anjo	10,00%	
Total	100,00%	

Pré-seed		
Valuation estimado	R$ 4.000.000,00	
Valor do aporte	R$ 320.000,00	
Percentual Negócio	**%**	**Fator diluição**
Fundador 1	36,80%	0,08%
Fundador 2	36,80%	0,08%
Aceleradora	9,20%	0,08%
Investidor-anjo	9,20%	0,08%
Investidor pré-*seed*	8,00%	
Total	100,00%	

Seed		
Valuation estimado	R$ 13.000.000,00	
Valor do aporte	R$ 1.950.000,00	
Percentual Negócio	**%**	**Fator diluição**
Fundador 1	31,28%	0,15%
Fundador 2	31,28%	0,15%
Aceleradora	7,82%	0,15%
Investidor-anjo	7,82%	0,15%
Investidor pré-*seed*	6,80%	0,15%
Investidor *seed*	15,00%	
Total	100,00%	

Série A		
Valuation estimado	R$ 40.000.000,00	
Valor do aporte	R$ 8.000.000,00	
Percentual Negócio	**%**	**Fator diluição**
Fundador 1	25,02%	0,2%
Fundador 2	25,02%	0,2%
Aceleradora	6,26%	0,2%
Investidor-anjo	6,26%	0,2%
Investidor pré-*seed*	5,44%	0,2%
Investidor *seed*	12,00%	0,2%
Investidor Série A	20,00%	
Total	100,00%	

Série B		
Valuation estimado	R$ 90.000.000,00	
Valor do aporte	R$ 27.000.000,00	
Percentual Negócio	**%**	**Fator diluição**
Fundador 1	17,52%	0,3%
Fundador 2	17,52%	0,3%
Aceleradora	4,38%	0,3%
Investidor-anjo	4,38%	0,3%
Investidor pré-*seed*	3,81%	0,3%
Investidor *seed*	8,40%	0,3%
Investidor Série A	14,00%	0,3%
Investidor Série B	30,00%	
Total	100,00%	

DUE DILLIGENCE

O termo vem do inglês e nada mais é do que o procedimento de investigação, estudo, análise e avaliação de risco de uma empresa, englobando os aspectos contábeis, financeiros, patrimoniais, societários, contratuais, trabalhistas, fiscais, regulatórios, entre outros. Em português, significa "diligência prévia", em uma tradução livre.

Lembra que já apresentei as principais métricas com que os empreendedores precisam se preocupar para deixar tudo em dia? Toda a documentação, balanços, controle de movimentações, entre outros, serão utilizados neste processo comprobatório também. Talvez por isso, ainda hoje, muitas empresas associem a *due diligence* a um processo de auditoria; no entanto, a diligência analisa informações de diversos setores da empresa, não apenas o financeiro. Além dos aspectos jurídicos, são investigados também os aspectos operacionais, daí a importância de ter "a casa em ordem".

Infelizmente, já vi startups perderem grandes oportunidades de investimento porque chegaram a este ponto e não conseguiram se organizar ou apresentar tudo de que precisavam há tempo. A propósito, sim, já no contrato precisa estar definido o período que a empresa terá para apresentar tudo que se pede em uma diligência.

A *due diligence* é um processo para verificar se há simetria entre as informações da negociação de uma empresa, além de suas projeções financeiras. A ideia é que, nessa fase, seja investigado o passado da empresa, para identificar possíveis perdas para o comprador.

O que a *due diligence* proporciona:

- Obter a melhor compreensão possível do negócio a ser investido;
- Aumentar as chances de uma escolha mais eficiente, uma vez comprovadas as informações;
- Possibilitar ajustes no preço, se necessário;
- Realizar uma avaliação dos riscos da operação e do negócio de maneira imparcial e abrangente;
- Reduzir a exposição do empreendedor a eventuais reclamações do investidor, em caso de venda de ativos empresariais ou participações societárias futuras;
- Identificar o posicionamento no mercado e a coerência das projeções para o futuro;
- Apresentar claramente as situações fiscais e contábeis, e as estratégias que precisam ser formuladas para evitar problemas financeiros;
- Apontar os principais riscos relacionados ao negócio, entre outras questões que podem variar de acordo com a atividade empresarial exercida.

É importante ressaltar que esse procedimento é específico para cada empresa e também para a necessidade do investidor, principalmente com relação a sua dimensão e aos aspectos que devem ser observados. Normalmente, se averiguam os fatos relevantes ocorridos desde a constituição da empresa. Para tal, se você é um investidor-anjo que ainda não faz parte de nenhum grupo ou fundo de investimento, minha dica é que contrate uma empresa para efetuar todo esse processo e minimizar seus riscos de perda. Agora, caso faça parte, não se preocupe, os fundos são preparados para essa etapa e, em geral, têm uma equipe interna composta por advogados, administradores, economistas, contadores e outros profissionais para executar esta ação.

Os empreendedores não precisam enxergar a *due diligence* com receio ou como um bicho complicado, principalmente se estiver tudo organizado e dentro do esperado. Em todos esses momentos, a *due diligence* possibilita que a parte interessada tenha acesso irrestrito a informações concretas do negócio, além de mensurar os riscos envolvidos e identificar de maneira límpida as oportunidades de lucro. Além disso, o procedimento de *due diligence* garante maior confiabilidade e resulta em otimização e formalização de processos visando à melhoria de sua governança corporativa.

Na prática, funciona assim: essa equipe ou empresa, com base nos objetivos pretendidos pela parte interessada, disponibilizará uma lista de documentos e perguntas que deverão ser respondidas pela empresa analisada.

É importante mencionar que as partes deverão identificar as pessoas que participarão diretamente desse procedimento e exigir que elas firmem termo de confidencialidade. Isso porque terão acesso integral aos documentos financeiros, econômicos, operacionais e jurídicos que serão disponibilizados mais tarde.

Depois que todos os documentos solicitados são enviados, a equipe/ empresa analisa tudo e elabora um relatório final em que apresenta todas as informações necessárias para a tomada de decisão. É nesta etapa que, caso existam, aparecem as inconsistências e incongruências encontradas, além de passivos, contingências e provisões.

E o que talvez muita gente não saiba é que, mesmo quando são apontados alguns fatores negativos, ainda assim o fundo ou o investidor pode optar por entrar no negócio. É claro que tudo vai depender da gravidade da situação descoberta. Portanto, depois que o relatório final é entregue, podem acontecer as seguintes situações:

- As partes podem fazer um acordo e descontar o valor estimado dos fatos negativos do preço total para concluir a operação;
- O empreendedor, dependendo do que for descoberto, pode indenizar o investidor;
- A operação pode deixar de ser interessante para o empreendedor, pois o valor dos fatos negativos se torna bastante significativo e pode fazê-lo repensar alguns pontos;
- O acordo do negócio pode prever a impossibilidade de a operação ser abortada. Nesses casos, pode haver discussão de perdas e danos;
- Caso eventualmente algumas hipóteses não estejam previstas no acordo do negócio, as partes devem ter bom senso ao tomar as próximas decisões.

Veja agora o que basicamente é cobrado, lembrando que não existe uma regra, porque os negócios têm particularidades de cada área da empresa.

Financeira: receitas, custos operacionais e dos balanços patrimoniais da empresa, caso tenha, servem para estabelecer o patamar financeiro atual da empresa e verificar se as condições são favoráveis ao investimento.

Tributária: em relação à situação fiscal, é interessante demonstrar que está em dia com o pagamento e recolhimento de todos os tributos que lhe são devidos por meio de certidões de regularidade fiscal, certidão de débitos relativos a créditos tributários federais e à dívida ativa da União, bem como certidão negativa de débito estadual e outras.

Societária: é preciso comprovar que seu contrato/estatuto social e eventuais alterações estão devidamente registrados na Junta Comercial da cidade-sede, bem como arquivados na própria empresa. E, claro, é necessário que sejam formalizados quaisquer acordos entre os sócios, *vestings*[14] e eventuais investimentos anteriores, por exemplo, um mútuo conversível, que vamos conhecer melhor logo a seguir.

Trabalhista: o investidor buscará saber se a empresa tem débitos ou passivos trabalhistas e ações judiciais trabalhistas em curso ou que podem surgir.

Propriedade intelectual: necessária em alguns negócios, é preciso que se tenha documentado todos os registros de marcas, patentes e desenhos industriais de propriedade da sociedade.

Outros: todos os contratos celebrados com terceiros, como prestação de serviços, devem também estar organizados e arquivados na empresa.

CONTRATOS

Já é sabido que a escalabilidade é uma das características das startups de sucesso. Isso nada mais é do que a capacidade de crescimento do negócio sem o aumento dos custos na mesma proporção. Na medida em que a empresa expande, os investidores aparecem. Para manter a segurança dos investidores, é preciso ter cuidado ao realizar os contratos de investimentos com startups, independentemente da fase em que o negócio esteja ou do valor da rodada de captação.

Neste capítulo, já citei nos tópicos anteriores alguns modelos de contratos que são mais conhecidos e adotados no mercado, porque um investidor pode participar da startup de algumas formas. O primeiro passo para realizar contratos de investimentos para startups é definir qual será o modo de participação, sendo que as formas mais comuns são:

- Participação societária (equity): investidor entra como sócio do negócio;
- Parceria: ocorre divisão dos lucros e retorno do investimento;
- Mútuo conversível: investidor não se torna sócio, mas pode cobrar pelo investimento feito, podendo exigir participação;

14 Instrumento jurídico (contrato) no qual um sócio ou colaborador recebe, progressivamente, direito de participação.

- Subscrição de debêntures: o investidor subscreve debêntures da startup, que se vinculam aos contratos de investimento. Neste documento, são estabelecidos critérios e condições de conversão das debêntures em participação societária.

Independentemente da forma escolhida para entrar, os contratos de investimentos para startups trazem algumas cláusulas de proteção às partes que diferem de outros contratos devido às particularidades de cada negociação. Lembrando, mais uma vez, que é preciso ter ajuda profissional de um advogado para incluir as cláusulas adequadas ao tipo de aporte que será realizado. As mais conhecidas são:

***Lock-up*:** obriga a permanência dos empreendedores na administração da startup por determinado período. Em outras palavras, impede a venda de ações/cotas dos acionistas/sócios. Ela existe porque a presença dos fundadores é primordial para o sucesso do negócio.

***Drag along*:** caso o sócio ou acionista majoritário decida vender sua parte da startup, essa cláusula obriga os minoritários a proceder da mesma forma. Para os investidores, a *drag along* aumenta a liquidez do investimento realizado. Para os sócios/acionistas, a cláusula serve como garantia de igualdade de condições na hora da alienação.

***Tag along*:** o sócio minoritário obriga que suas ações sejam vendidas nas mesmas condições em caso de alienação do controle da empresa pelos sócios majoritários. A cláusula evita que os acionistas menores se mantenham na empresa com terceiros alheios ao negócio.

Não diluição: o aumento no capital social da empresa só ocorre com a concordância das partes e nas condições determinadas por elas. A cláusula pode, inclusive, proibir o acréscimo. Ela impede a perda de importância de um participante na gestão da startup.

Preferência: o acionista ou cotista tem preferência na hora de adquirir ações ou cotas. A cláusula garante, sobretudo, a estabilidade do negócio. De certa forma, ela impede que terceiros ingressem na startup sem a concordância dos sócios.

***Earn-out*:** estabelece faixas de investimentos para realização do aporte de valores. Essas gradações vinculam-se a metas, vendas, lucros e desenvolvimento. Em outras palavras, o investimento se condiciona ao atendimento de performances.

Confidencialidade: ou sigilo da informação, pode ser objeto de um contrato à parte. Porém, muitos empresários a incluem nos contratos de investimentos para a startup. Isso porque a atração de investidores, em geral, se atrela à divulgação da ideia inovadora do negócio.

Declaração e garantias: esses preceitos servem para garantir que as partes se declarem legítimas para contratar e para assumir as obrigações previstas. A falsidade dessa declaração pode ocasionar rescisão e multa. Essa é uma fase muito importante do contrato, onde é necessário estipular quais as garantias e obrigações de cada envolvido no contrato, quais as multas e condições para quem decidir rescindir o que foi acordado.

- Aprovação qualificada do conselho: direito a assento no conselho da startup;
- Direito de informação: permitir o direito de fiscalizar e ter acesso aos documentos da startup – essencial para sócios que não integram a administração;
- *Non compete*: impedir que os sócios participem de empresa concorrente com a startup.

DETALHES IMPORTANTES

As cláusulas de proteção servem para que tanto os empreendedores quanto os investidores possam garantir o sucesso da startup e do acordo que fizeram, e, caso ocorra alguma divergência, nenhum dos envolvidos seja prejudicado.

A verdade é que são muitos os detalhes que podem ajudar a garantir a segurança de uma startup e eles devem estar de acordo com as leis vigentes. Assim, os cuidados devem começar a serem tomados desde a criação do negócio e antes mesmo de cogitar pleitear um aporte, por meio de contratos preliminares entre cofundadores (startups sem CNPJ) e contratos entre sócios (startups com CNPJ), sendo que os principais contratos são: de *vesting*, de confidencialidade e não concorrência, contrato de desenvolvimento de software, contrato de licenciamento ou de cessão (marca, software, direitos autorais etc.), entre outros específicos, de acordo com as particularidades de cada negócio.

TERM SHEET

Antes de assinar qualquer contrato com uma startup, é importante estabelecer alguns pontos em um documento que chamamos de *term sheet*. A partir desse documento, o investidor pode começar. Trata-se de aprofundar a análise das diligências para, aí sim, assinar o contrato de investimento no modelo escolhido.

TERM SHEET

Sociedade investida:	_____________, inscrita no CNPJ sob o nº _____________, com sede em _____________, endereço de e-mail: _____________, doravante denominada "**INVESTIDA**".
Sociedade investidora:	INVESTIDOR, qualificação completa, endereço de e-mail: _____________, doravante denominada "**INVESTIDORA**".
Modalidade:	Investimento mediante emissão de Título Privado Conversível ("TPC") pela **INVESTIDA**, conversível em ações preferenciais.
Valor investido:	_____________, valor total, fixo e irreasjustável, a ser depositado em conta de titularidade da **INVESTIDA**, qual seja: Banco/Agência/Conta Corrente. Ficando de responsabilidade da **INVESTIDA** os dados ora informados.
Valor total da rodada:	R$ _____________, compreendendo a soma do valor investido pela **INVESTIDORA** e demais investidores da rodada.
***Valuation*:**	R$ _____________, sendo este o *valuation post-money* atribuído a **INVESTIDA**.
Conversão:	Ocorrerá na data de vencimento do **TPC** ou (i) a critério da **INVESTIDORA**; (ii) na hipótese de alteração do controle societário da **INVESTIDA**; (iii) na hipótese de investimento qualificado na **INVESTIDA**, igual ou superior a R$ 1.000.000,00 (um milhão de reais); ou (iv) na hipótese de oferta pública inicial de ações da **INVESTIDA**.
***Drag along*:**	Na hipótese dos sócios da **INVESTIDA**, detentores de 50% (cinquenta por cento) de seu capital social, receberam uma proposta para vender todas as suas ações, direta ou indiretamente, por um valor mínimo equivalente a 03 (três) vezes a avaliação das ações preferenciais no momento da última conversão, esses detentores terão o direito de vender, em conjunto com suas ações, todas as demais ações da **INVESTIDA**.

Tag along:	Na hipótese de venda, cessão ou transferência, direta ou indiretamente, parcial ou total das ações da **INVESTIDA** por parte dos sócios a terceiros, deverá ser garantido aos detentores de ações preferenciais o direito de vender suas ações em conjunto com aquelas, ao mesmo preço por ação e nos mesmos termos e condições da oferta de compra.
Antidiluição:	Na hipótese de os sócios receberem oferta de investimento de terceiros inferior ao *valuation*, poderá a **INVESTIDORA** (i) vetar a respectiva oferta, mediante justificativa fundamentada; ou (ii) aceitá-la, preservando sua participação no capital social.
Conselho:	Após a conversão, a **INVESTIDA** possuirá um conselho de administração composto por, no mínimo, 03 (três) membros, sendo (i) 01 (um) integrante de livre nomeação dos sócios; (ii) 01 (um) integrante de livre nomeação da **INVESTIDORA**; (iii) e 01 (um) integrante nomeado de comum acordo entre os sócios e a **INVESTIDORA**.
Vesting:	Desde já, a **INVESTIDORA** autoriza a **INVESTIDA** a constituir um plano de opção de compra de ações por executivos que integrem seu quadro funcional, bem como por assessores estratégicos, limitando-se, respectivamente, a 5% (cinco por cento) e 10% (dez por cento) de seu capital social. As demais hipóteses estarão sujeitas a anuência da **INVESTIDORA**.
Outros direitos:	Os sócios da **INVESTIDA** não poderão vender, alienar ou transferir, direta ou indiretamente, total ou parcialmente, quaisquer ações detidas na **INVESTIDA** sem a anuência da **INVESTIDORA**, na vigência do **TPC**. Nessas hipóteses, a **INVESTIDORA** possuirá direito de preferência em adquiri-las, na proporção de sua participação, nos mesmos termos e condições ofertadas a terceiros. Outrossim, poderá a **INVESTIDORA** requerer (i) relatórios financeiros mensais, trimestrais e anuais; e (iii) orçamento anual da **INVESTIDA**.

***Due diligence*:**	A **INVESTIDA** será submetida a um processo de auditoria jurídico-contábil ("*due diligence*"), cujo objetivo é avaliar os riscos atrelados ao investimento pretendido e, consequentemente, mediante resultado positivo, assegurar sua aprovação. A *due diligence* compreenderá o envio de documentos da **INVESTIDA**, de natureza societária, trabalhista, tributária, contábil, financeira, dentre outros necessários à análise em tela, bem como outorga de procuração eletrônica no portal e-Cac.
Confidencialidade:	A existência e o conteúdo deste **TERM SHEET**, bem como demais informações relacionadas ao presente instrumento, deverão ser mantidas estritamente confidenciais, sendo utilizadas para os fins do investimento pretendido. Essa obrigação será válida durante toda a negociação entre a **INVESTIDA** e a **INVESTIDORA**, sendo que a não observância desse compromisso de confidencialidade constituirá violação de segredos negociais, passível ao pagamento das perdas e danos sofridos pela parte prejudicada.

Esse **TERM SHEET** é assinado sem caráter vinculativo, ressalvando-se que apenas a seguinte seção produz efeito vinculativo entre as partes: "**Confidencialidade**". Quaisquer outros itens se tornarão vinculativos tão somente após a assinatura dos documentos definitivos e satisfação das demais condições para fechamento da negociação.

E, para atestarem o compromisso ora assumido, assim como a veracidade das informações aqui prestadas, as partes assinam o presente **TERM SHEET**.

MÚTUOS CONVERSÍVEIS

Usado pela maioria dos investidores-anjo no mercado, o mútuo conversível nada mais é do que o adiantamento de capital condicionado à conversão futura da dívida em cotas da startup. O investidor não entra diretamente no quadro social da empresa; torna-se, na prática, uma opção do investidor converter em ações ou seja, entrar futuramente no contrato social da startup.

O principal objetivo de fato é afastar obrigações trabalhistas e tributárias do investidor-anjo que, em tese, fornece, além do dinheiro, mentoria, conexões e know-how, o chamado smart money. Ou seja, o investidor disponibiliza seus recursos por um prazo determinado e, após esse período, no vencimento do contrato, o investidor tem a opção de converter o valor aportado em uma fatia da startup ou retirar-se do negócio. E é exatamente na fase de conversão do capital investido que existe o perigo e o desentendimento nesse modelo específico de investimento.

Quando vence o mútuo, que é, por direito, um título executivo, o investidor-anjo poderia cobrar da startup o valor aportado devidamente corrigido, até porque a opção de converter ou não é dele. Entretanto, e se o negócio fechou ou quebrou? E se a startup não progrediu nem cresceu? Se precisa de novas rodadas de investimento? O que fazer? Pagar o investidor-anjo? O risco não deve ser somente do lado do empreendedor, já que o investimento-anjo é amplamente divulgado como de *risco total*.

O perfil do investidor de startups é buscar aportar uma quantidade de esforço, tempo e inteligência para que o negócio cresça com a esperança de recuperar o valor investido multiplicado por x em algum tempo. Além disso, é imprescindível que o investidor se mantenha protegido de eventuais prejuízos, débitos, obrigações e processos judiciais que a startup venha a ter.

Então, quais opções poderiam ser combinadas antes da assinatura do contrato de mútuo? Quais seriam as condições e opções para o não pagamento do título após o vencimento com autorização e entendimento das partes?

- A renovação do mútuo;
- Se não estiver performando e o anjo não vir sinais de "*turn over*", simplesmente sair por zero ou por 1 real;
- Conversão em ações da startup, realizar a transformação da sociedade em uma sociedade por ações;
- Possibilidade de fazer uma secundária para outro investidor.

REPORTS E ALGUM CONTROLE

Desvios de conduta ética, má prestação de serviços, exposição negativa de marcas e nomes divulgados por meio principalmente das redes sociais e das mídias têm colocado em alerta o mercado e os investidores. E não à toa, como em todo ambiente de negócios "contaminado", a legislação e os reguladores de mercado apressam-se em buscar formas mais rígidas de gestão e controles por meio de leis e regulamentos.

E, na nova economia, as startups não apenas são peças fundamentais como precisam se posicionar e, sobretudo, começar da forma certa, em todos os sentidos. Desenvolver os mecanismos de governança corporativa para organizações grandes, médias e pequenas já é um desafio natural por si só. O que dizer sobre um modelo de negócio que, em muitos casos, é gerenciado e conduzido no dia a dia por uma ou duas pessoas?

Um novo modelo de negócio gera automaticamente uma nova cultura. Para quem conhece o ambiente de trabalho da maioria das startups, as salas fechadas e o mobiliário "pesado" deram lugar aos espaços abertos, os cantos reservados aos bebedouros e máquinas de café foram substituídos por mesas de sinuca, chopeiras e pufes. Consequentemente, o espaço de trabalho se transforma em ambiente para os mais variados tipos de relacionamentos.

Nesse sentido, a hierarquia, quando existente, é mais sutil e indireta. Em muitas situações, os empregados são mais velhos que os próprios fundadores e "executivos" do negócio. A gestão do tempo e das metas é próxima da informalidade e baseada "apenas" na confiança. Ou seja, um modo de trabalho diferente do tradicional e um mundo completamente novo: o "modo startup".

Essa nova forma de gestão traz benefícios, como senso de responsabilidade individual e um ambiente, muitas vezes, mais leve e descontraído. Em contrapartida, é preciso estar atento para que os valores de cada startup sejam construídos e os limites de atuação, estabelecidos, para se evitar riscos e delimitar funções e responsabilidades. Estamos falando de regras. Entretanto, como funciona isso em um contexto onde há menos hierarquia e menos controle? Isso é possível?

Um dos principais objetivos de uma startup é estar preparada para receber investimentos, inclusive para viabilizar a atuação em mercados internacionais, se for de interesse. Daí a importância da governança corporativa para as startups. E por isso os controles, bem como *reports*, precisam funcionar de maneira transparente e eficiente.

É preciso encontrar modelos próprios. Chegar para empreendedores de startups e sugerir que eles se enquadrem à governança corporativa e aos mecanismos de *compliance* tradicionais certamente não trará o resultado que esperamos. Até porque, provavelmente os empreendedores avaliarão que esses modelos e expressões são parte da velha economia e não convergem com a economia colaborativa e disruptiva.

Ou seja, esse conjunto de processos, culturas, políticas, leis, regulamentos e instituições que regulam a maneira como uma empresa é dirigida, administrada ou controlada (a governança corporativa) pode ser um grande diferencial na decolagem de uma startup aos olhos do mercado e, principalmente, de um possível investidor. Na prática, isso significa arquitetar as estruturas e os cargos (fundadores, conselho consultivo, acionistas) para fazer a empresa crescer de maneira unificada e concisa.

E, quando se trata de investimento, quanto mais transparente, melhor. Ao definir uma governança corporativa sólida e estruturada, a startup e seus líderes demonstram o desejo de disponibilizar, para as partes interessadas, informações que sejam de seu interesse, e não apenas aquelas impostas por disposições de leis ou regulamentos.

Não deve se restringir ao desempenho econômico-financeiro, contemplando também os demais fatores (inclusive intangíveis) que norteiam a ação gerencial e conduzem à preservação e à otimização do valor da organização. E isso pode ser feito, inclusive, por meio da elaboração de *reports* mensais ou trimestrais, por exemplo, enviados aos sócios e/ou investidores do negócio.

- **Principais KPIs financeiros:** MRR, ARR, margem bruta, margem de contribuição, Ebitda, lucro líquido, *cash burn*, *runaway*;
- **De vendas:** leads, taxa de conversão, ticket médio, LTV/CAC, recorrência, *churn*;
- **Múltiplos:** LTM e NTM – LTM *revenue* representa a receita dos doze meses anteriores. NTM *revenue* representa a receita prevista dos próximos doze meses.

Caso esteja começando agora e não tenha ideia do que alguma dessas siglas significa, você pode consultar o glossário no final desta obra.

Eis um exemplo básico e muito utilizado de *report* na Bossa, que recriamos a seguir:

Report da startup			
Nome da startup	O nome da sua startup vai aqui	Data	Esse report é referente a que mês e ano
Nome do founder	Seu nome vai aqui	Contato	Coloque seu e-mail e telefone

(Obrigatório)		
Overview do mercado		
Métrica de receita e crescimento (mental, TYD e ano anterior)	Mensal R$ X (*versus* X% do mês anterior)	Anual R$ X (*versus* X% do mês anterior)
KPIs	(Aqui colocamos uma sugestão, mas coloque as métricas importantes para o seu negócio. Torne objetivo e fácil de ler. Caso preferir, use gráficos que mostrem a curva de evolução. Lembre-se de que o investidor lida com muitos dados, então ajude-o a lembrar do que aconteceu.)	
LTV/CAC	Qual seu custo de aquisição? Quanto tempo o seu cliente fica com você?	
Cash burn	Quanto você está queimando do seu caixa mensalmente?	
Run away	Quantos meses de vida você tem com seu caixa atual?	
Revenue	Como está sua receita? Crescendo, estável, diminuindo...?	
Tamanho do time	Qual seu time atual? Está crescendo?	
Valuation atual	Quanto está seu *valuation*? Quanto ele tem mudado?	
Projeção de resultados	(Inserir gráfico.)	

News (opcional)	
Maiores clientes: 5-10	(Se houve perda ou entrada de novos grandes clientes, notificar.)
Retirada de captação aberta ou previsão para abrir	Fale sobre a estrutura de rodada (*valuation*, valor captado, diluições, fundos em negociação, empresas em negociação).
Good news	Aconteceu algo legal nesse trimestre? Conte pra gente! Coisas boas são metas batidas, aquisição de grandes clientes, abertura de um novo mercado etc.
Bad news	Tem algum desafio à sua frente? Conte também os reveses. Seja transparente ao apresentar os problemas e mostre o que você está fazendo para superá-los.

Como podemos ajudar? (opcional)
Seja estratégico, pense no que aquele investidor pode ajudá-lo. Às vezes uma introdução com um executivo, com outras startups que podem ajudar vocês, um papo em um tema pode resolver uma dor específica etc.

Pode, ainda, receber um simples e-mail com as seguintes informações:

Olá ___________! Gostaria das seguintes informações:

- Boas notícias ou boas novas;
- Financeiro e KPIs (Arr, Mrr, Churn, Gasto Mensal, *Runaway*);
- Notícias ruins;
- Como posso ajudar?

PRONTO PARA ESCALAR

Contrato assinado e dinheiro na conta: agora é escalar! É importante ressaltar a importância desse processo tanto para o empreendedor, que vai tocar a startup, quanto para o investidor, que acompanhará de perto todo o processo de evolução.

Aqui, é chegada a hora de rever e atualizar o modelo de negócios, o modelo de monetização, a qualificação do time, a tecnologia criada, a escalabilidade, entre outros, fazendo com que o time fundador entenda perfeitamente as lacunas que ainda precisam ser preenchidas em relação ao negócio e suas limitações ou falhas para poder dar os próximos passos de maneira segura e continuar a crescer.

Além disso, como você certamente encontrou (seguindo todas as dicas desta obra) aquele empreendedor que compartilha dos mesmos princípios e ideologias que você, chegou o momento de usar a inteligência dele, o que já foi feito, a rede de contatos, e assim por diante.

Junto com a escala e o rápido crescimento que geralmente é experimentado pelas startups, não é difícil pensar em um cenário em que a empresa não demore muito a ter que abrir uma nova rodada de captação. Arrisco até em dizer que, talvez, o primeiro investimento, o primeiro anjo, o primeiro fundo sejam os mais difíceis de conseguir. Depois de dado esse passo, é mais fácil ter acesso a novos investidores ou, dependendo do negócio, o próprio fundo que investiu primeiro já prepara a startup para os próximos estágios. Não existe segredo: se uma empresa começa a crescer muito, logo, terá que receber mais dinheiro para dar apoio à operação e conseguir entregar tudo o que prometeu ao mercado.

E é mais comum do que pode parecer o fato de que, enquanto uma startup está crescendo absurdamente, em paralelo ela esteja com uma nova rodada de captação aberta. Um bom empreendedor sabe que se prevenir e até mesmo se antecipar em algumas situações lhe dará ainda mais vantagens competitivas e condições reais de crescimento.

Está escalando? Todas as rodadas de investimento funcionam, em geral, da mesma maneira. Os investidores oferecem dinheiro em troca de uma participação acionária no negócio. Existem alguns modelos de permuta ou troca de conhecimentos por participação, mas são menos comuns, principalmente se a startup já participou de algumas captações. As rodadas são divididas em séries, e a classificação que as acompanha tem a ver com o estágio do negócio.

Como o objetivo final de qualquer startup é o crescimento contínuo, compreender a distinção entre as séries e o ponto em que seu negócio se encontra o ajudará a entender com qual tipo de investidor você terá mais chances de fechar uma rodada de investimento e dar sequência ao seu trabalho.

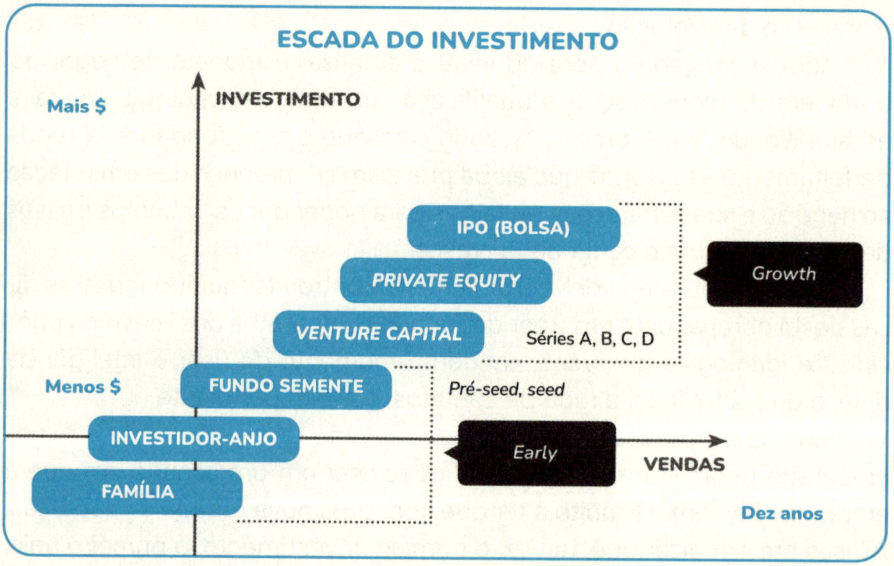

Um bom empreendedor sabe que se prevenir e até mesmo se antecipar em algumas situações lhe dará ainda mais vantagens competitivas e condições reais de crescimento.

capítulo 6

Modalidades de investimentos

Como mostrei no final do último capítulo, existem diferentes maneiras de investir em startups: do investimento-anjo às séries. O fato é que tenho observado, nesses últimos anos, que, quando o investidor entra e começa a investir em startups, ele vai tomando gosto e dificilmente investirá em apenas uma modalidade. Isso acontece por motivos naturais, até: à medida que ele vai aprofundando e desenvolvendo mais conhecimento, mais se sentirá confiante para assinar cheques maiores e assumir mais riscos.

Com o passar do tempo e das experiências acumuladas, o que os investidores precisam entender e definir é qual o risco que estão dispostos a tomar, qual o tamanho do portfólio que pretendem montar, qual o valor que conseguem investir em cada startup e qual o tempo de retorno esperado. Lembrando que o risco que se vai tomar é inversamente proporcional ao estágio da empresa. Quanto mais no início, maior é o risco. Assim como o tempo de retorno: quanto mais no início, maior será o tempo para retorno. Só que também maior será o retorno sobre o investimento, caso o projeto dê certo.

Montar um portfólio composto por diferentes startups é uma boa forma de minimizar os riscos do investimento. Com a minha experiência e o que adotamos de prática na Bossa Invest acredito que, com algo entre dez a quinze startups, você começa a montar um portfólio que realmente reduz o risco, visto que, se algumas derem errado, as que derem certo compensarão o prejuízo e gerarão uma margem de ganho que compensará as outras.

Por isso, no caso do investidor, é sempre importante pensar em qual o valor total disponível de investimento, pois isso vai definir o valor que você poderá investir em cada startup do seu portfólio. Agora, se você deseja realizar esse mesmo processo com ainda mais segurança e todo o apoio necessário para os negócios, o mais indicado é que ingresse em algum fundo de investimento e compre uma cota. Basicamente, essa cota é a sua participação nas empresas e o fundo se torna responsável pela escolha das startups aportadas, bem como o valor destinado a cada uma compondo aquele portfólio passa a ser também seu.

Como eu disse, algumas startups estão sempre captando mais investimento. Costuma-se pensar que, se uma empresa está captando dinheiro, é porque não está conseguindo gerar caixa para poder crescer, e isso não seria um bom sinal, certo? Errado. Captar recursos para uma startup é, sim, como ganhar um campeonato: deve ser muito comemorado e, quando o dinheiro é empregado para dar suporte ao crescimento, fica evidente o porquê da comemoração.

Agora, depois de todas essas informações, pense que, nos modelos da velha economia, para poder expandir uma fábrica, por exemplo, é preciso fazer grandes investimentos em maquinário e distribuição. Na área comercial, você precisa ampliar a sua rede de lojas e, consequentemente, o estoque. E é provável que, justamente por estar acostumado com esses modelos, você tenha um pouco de dificuldade em compreender a ideia de que captar investimentos seguidos, um atrás do outro, é algo positivo para uma startup. Afinal, caso fosse uma empresa da velha economia, os empreendedores estariam abrindo mão de uma parte significativa da sua participação para poder viabilizar esse crescimento.

Entretanto, repare que interessante: no caso das empresas da nova economia, o investimento para expandir a novos mercados e conquistar novos clientes é cada vez menor e escalável, fazendo com que o gráfico de faturamento x custo seja muito atrativo, porque passa-se a obter mais clientes sem que isso impacte em custo para atendê-los. Pense que empreender na nova economia é uma corrida de revezamento. Geralmente, inicia-se com um investimento próprio ou de algum anjo, mas, logo em seguida, se necessita de mais capital para continuar a correr e chegar mais longe.

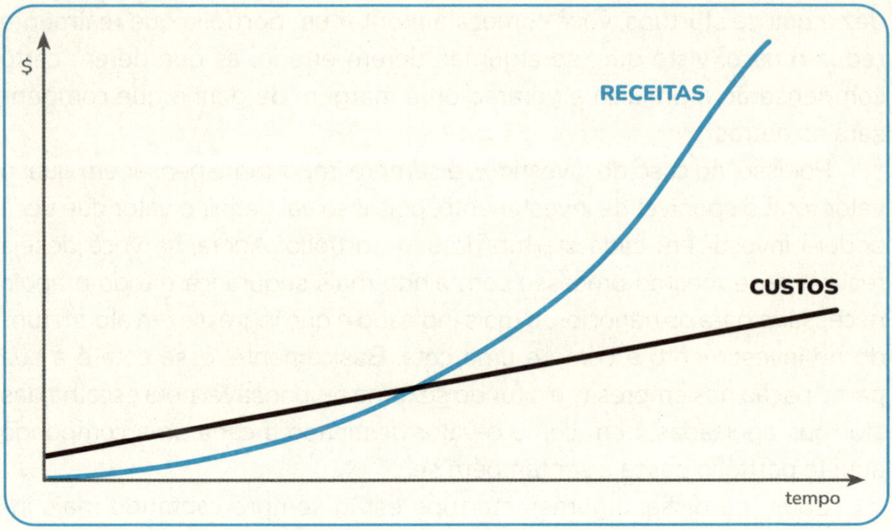

Aí vem o investimento *seed*, depois começam as rodadas: séries A, B, C... que podem ir ao longo de todo o alfabeto. Até chegar ao IPO (sigla, em inglês, para Oferta Pública de Ações), que é quando a empresa entra na bolsa de valores e se consolida como uma grande empresa. Ainda usando a analogia da corrida de revezamento, ao passar de uma fase para outra, um investidor passa o bastão para outro. Não é apenas uma maneira de possibilitar ou concretizar a sua saída (vendendo a participação comprada em uma rodada anterior e embolsando o lucro dessa operação), mas principalmente porque esse era o objetivo desde a primeira modalidade.

É isso mesmo, é assim que funciona! A lógica que movimenta todo o processo é a espera de que outro *player*/investidor com um ticket muito maior que o seu entre na empresa, o que vai ajudar na valorização dela, bem como dos próprios investimentos efetuados anteriormente. Logo, todo mundo ganha, afinal, não é difícil presumir que, quando isso acontece, eleva o valor da participação societária.

E, ainda sendo bem realista, é muito difícil que um investidor-anjo das primeiras rodadas tenha fôlego para não ser diluído a ponto de ter uma participação insignificante quando a startup alcança alguma das séries. Mesmo que essa participação insignificante represente centenas de vezes o valor investido, é natural que os novos investidores também queiram eliminar os menores componentes do quadro societário, como uma forma de diminuir riscos futuros... todos vão se resguardando ao longo do processo, é natural.

Cada modalidade requer um investimento e dedicação diferentes. Cabe a você, investidor, entender onde se encaixa.

Estágios de investimento

Média de *valuation*
Atualizado em jul. 2020

ESTÁGIO DE INVESTIMENTO	MÉDIA DE VALOR DO APORTE	MÉDIA EQUITY	MÉDIA *VALUATION*
ACELERADORAS	R$ 200.000,00	10%	R$ 2.000.000,00
ANJOS	R$ 300.000,00	10%	R$ 6.000.000,00
PRÉ-*SEED*	R$ 480.000,00	8%	R$ 15.000.000,00
SEED	R$ 2.250.000,00	15%	R$ 30.000.000,00
SÉRIE A	R$ 8.000.000,00	20%	R$ 90.000.000,00
SÉRIE B	R$ 27.000.000,00	30%	R$ 200.000.000,00
A DILUIÇÃO NÃO ESTÁ SENDO CONSIDERADA A CADA RODADA.			

	TEMPO DE VIDA MÁX. (MESES)	TRAÇÃO (R$)	% FUNDADORES	*VALUATION*
PROBLEM-SOLUTION FIT (MOMENTO PRÉ-*SEED*)	12	~200	>= 90%	<= 1,5 milhão
SINAIS LEVES DE *MARKET FIT* (MOMENTO *SEED* 1)	30	Entre 400 mil e 2 milhões	>= 56%	Entre 5 e 10 milhões
SINAIS FORTES DE *MARKET FIT* (MOMENTO *SEED* 2/PRÉ-SÉRIE A)	48	Entre 4 e 6 milhões	>= 42%	Entre 10 e 20 milhões
INVESTIREMOS EM STARTUPS DE QUALQUER ESTÁGIO ANTES DE UMA SÉRIE A.				

TIPOS DE INVESTIDORES

Podemos classificar os investidores de startups. A distinção deles é basicamente proporcional a sua disponibilidade e a seu compromisso em relação ao tempo e dinheiro depositados nas startups escolhidas.

Há um grupo que investe dinheiro em startups sem ter nenhum conhecimento ou relação com elas. Eles não têm interesse nos negócios nem muito menos se preocupam com o desenvolvimento do ecossistema. Nem se importam com o retorno. Você pode achar que isso não faz sentido, mas pense nas pessoas que lhe dão dinheiro simplesmente porque é você, sem entender de verdade o que está dizendo (muitas vezes são familiares e amigos).

O outro grupo, geralmente composto por empresários, executivos e profissionais (médicos, advogados, executivos, contadores), é o que enxerga investir em startups como algo “legal” e quer apenas investir algum dinheiro para ver o que acontece. Não existe um entendimento real do negócio, mas há uma vontade de aprender e algum conhecimento sobre o ecossistema. Esses podem se tornar investidores profissionais se dedicarem tempo ao smart money.

O TAMANHO DO PORTFÓLIO AFETA OS RETORNOS

Os retornos em relação aos riscos em investimento em startups no estágio inicial (anjo, pré-*seed* e *seed*) podem parecer ótimos no investimento em portfólios, mas, ao mesmo tempo, decepcionantes em alguns casos para os investidores individuais. Essa afirmação foi feita no *white paper* “How Portfolio Size Affects Early-Stage Venture Returns” [Como o tamanho do portfólio afeta os retornos iniciais de *ventures*, em tradução livre] sobre essa metodologia e é confirmada pelos resultados do *AngelList*, que examinou mais de 10 mil portfólios de investidores para resolver um quebra-cabeça sobre venture capital.

Então, a grande questão que fica evidente é: como pode uma startup em estágio inicial parecer uma classe de ativos atraente, mesmo para investidores individuais? E a resposta foi a constatação de que investidores que investem em mais negócios têm melhor desempenho, em termos tanto de retorno médio quanto tradicional.

Como exemplo, a figura a seguir exibe a IRR mediana para investidores na *AngelList* agrupada pelo número de investimentos aos quais estão expostos.[15] Então, se, por exemplo, um investidor tivesse participado de dois negócios de um Syndicate e um microfundo que fez 11 investimentos, seria contabilizado como tendo feito 11 + 2 = 13 investimentos. Os pontos são as medianas agrupadas e a linha preta é um ajuste de regressão linear:

15 OTHMAN, A. How Portfolio Size Affects Early-Stage Venture Returns. **AngelList Blog**, 23 abr. 2020. Disponível em: angel.co/blog/how-portfolio-size-affects-early-stage-venture-returns. Acesso em: 4 mar. 2021.

Relação entre a IRR mediana e o número de investimentos

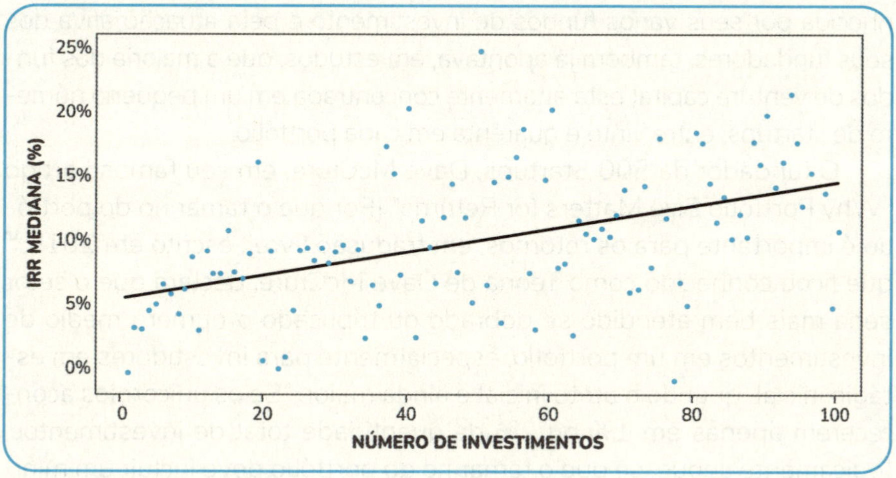

Adaptado de White paper AngelList.

O desempenho geralmente aumenta com o número de investimentos feitos. O coeficiente da linha de regressão linear aqui é de 9 pontos base por investimento (1 ponto base é um centésimo de 1%), sugerindo que o investidor típico com uma carteira de cem investimentos supera o investidor típico com um único investimento em quase 9% em um ano. Isso significa dizer que uma das maneiras mais fáceis de um investidor adotar uma abordagem sistemática para o venture capital em estágio inicial é investir em veículos que amplamente indexem seus aportes nesse estágio de investimento.

O *AngelList* identificou o desempenho dos investidores que participaram do seu fundo próprio em relação aos que não participaram. Descobriram que, ao longo de muitos anos de atividade de investimento, os investidores do seu Access Fund,[16] normalmente, e segundo a expectativa, superam os investidores que não participaram de um fundo nesse estágio. Na verdade, os dados sugerem que o investidor mediano exposto a três ou menos startups no *AngelList* tem um valor de portfólio negativo.

A construção do portfólio é difícil, porque é pouco intuitiva e incerta. Nessa linha de construção de portfólio (apresentado pelo levantamento da AngelList), cito outros cinco estudos aprofundados sobre a tese da diversificação, *funding*, fundos, *pools* e portfólio.

16 O AngelList Access Fund é um fundo administrado pela AngelList com foco em negócios de capital de risco em estágio inicial.

Para começar, a 500 Startups,[17] empresa de capital de risco global conhecida por seus vários fundos de investimento e pela atuação ativa dos seus fundadores, também já apontava, em estudos, que a maioria dos fundos de venture capital está altamente concentrada em um pequeno número de startups, entre vinte e quarenta em cada portfólio.

O fundador da 500 Startups, Dave McClure, em seu famoso artigo "Why Portfolio Size Matters for Returns" [Por que o tamanho do portfólio é importante para os retornos, em tradução livre], escrito em 2015,[18] que ficou conhecido como Teoria de Dave McClure, declara que o setor seria mais bem atendido se dobrado ou triplicado o número médio de investimentos em um portfólio, especialmente para investidores em estágio inicial, quando o atrito inicial é ainda maior. "Se os unicórnios acontecerem apenas em 1% ou 2% da quantidade total de investimentos, logicamente segue-se que o tamanho do portfólio deve incluir um mínimo de 50 – 100 + empresas para ter uma chance razoável de capturar essas criaturas esquisitas e místicas."

Nesse estudo, fica claro que os retornos são drasticamente baseados no número percentual de startups que ocorrem em uma carteira de investimento. Se o tamanho do portfólio for muito pequeno, você corre o risco de não encontrar grandes ganhos, conforme vemos a seguir.

Número de empresas: 100

Tipo de resultado	Frequência	Retorno	ROI teórico	Número de resultados	ROI real do fundo
Perda	50%	0,0	0,00	50	0,00
Economia	25%	0,5	0,13	25	0,13
Pequeno ganho	18%	3,0	0,54	18	0,54
Grande ganho	5%	15,0	0,75	5	0,75
Unicórnio	2%	50,0	1,00	2	1,00
Total	**100%**	**-**	**2,42**	**-**	**2,42**

Outros estudiosos do tema, como Alex LaPrade,[19] adotaram uma abordagem orientada a dados e analisaram como a diversificação afeta os retornos

17 Disponível em: 500.co.Acesso em: 4 mar. 2021.

18 MCLURE, D. 99 VC Problems, But a Batch Ain't One: Why Porfolio Size Matters for Returns. **500 Hats**, 22 maio 2015. Disponível em: 500hats.com/99-vc-problems-but-a-batch-ain-t-one-why-portfolio-size-matters-for-returns-16cf556d4af0. Acesso em: 4 mar. 2021.

19 RESEARCH. **Right Side Capital Management**, [s.d.]. Disponível em: www.rightsidecapital.com/research.html. Acesso em: 4 mar. 2021.

esperados do portfólio do maior e mais confiável conjunto de dados, o Angel Investor Performance Project (AIPP), da Fundação Kauffman.[20]

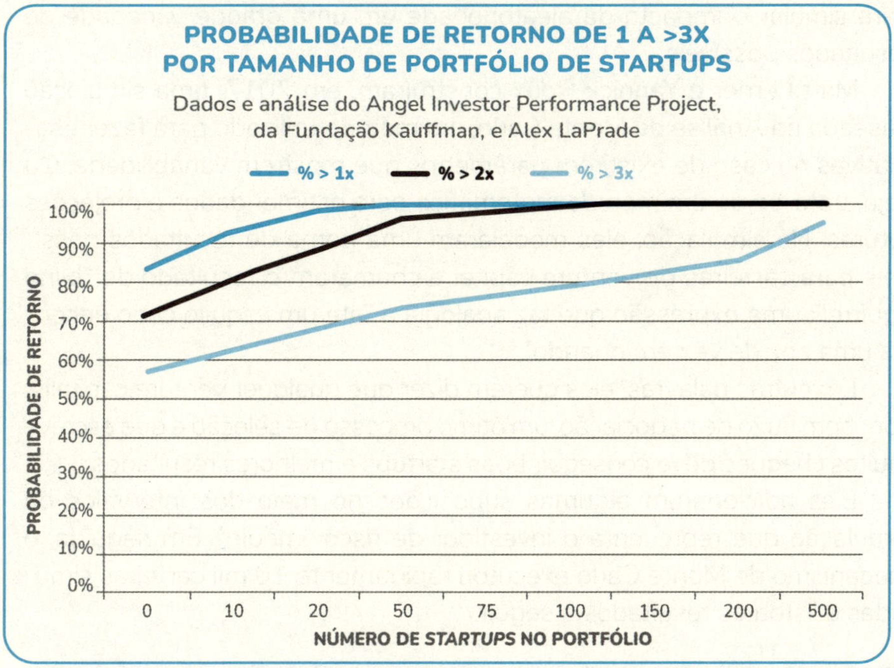

Adaptado de Alex LaPrade e Angel Investor Performance Project (AIPP) da Fundação Kauffman.

Neste estudo, foram analisados investimentos em 1.137 startups com saídas do conjunto de dados AIPP em vários tamanhos de portfólio. Com apenas um ou dois investimentos iniciais, as chances de um investidor simplesmente empatar são de 83%. Porém, aumente o tamanho do portfólio para vinte e esse mesmo investidor terá quase 99% de chance de equilíbrio e 67% de chance de obter um retorno superior ao triplo. No extremo, investir em quinhentas startups aumenta a chance do investidor para um equilíbrio quase certo e a chance de um retorno pelo menos triplo para 96%.

As conclusões de LaPrade alinham-se à de Dave McClure e demonstram como a diversificação pode compensar as perdas líquidas da maioria das startups com exposição a poucos vencedores. Aprofundando

20 A Fundação Kauffman está entre as principais fundações americanas que estimulam o empreendedorismo ligado a saúde e tecnologia. Com aproximadamente 2 bilhões de dólares em ativos, seu objetivo é promover o empreendedorismo e a educação. Disponível em: www.kauffman.org/. Acesso em: 4 mar. 2021.

ainda a análise de portfólio, alguns estatísticos especializados inventaram algo chamado Análise de Monte Carlo, popularizada por Nate Silver para simular o impacto da aleatoriedade em uma grande variedade de resultados possíveis.

Matt Lerner e Yannick Roux construíram, em 2017, uma simulação baseada na Análise de Monte Carlo, um método utilizado para fazer estimativas no caso de existirem parâmetros que mostrem variabilidade. Ou seja, trata-se de um método matemático para estimar dados e projeções futuras. Na simulação, eles modelaram uma gama de resultados possíveis para carteiras de venture capital e chamaram o resultado de "*blind squirrel*", uma expressão que faz analogia a "até um esquilo cego encontra uma noz de vez em quando".

Em outras palavras, eles querem dizer que qualquer venture capitalist com bom fluxo de negociação, um ótimo processo de seleção e que escreve muitos cheques deve conseguir boas startups e melhores resultados.

Eles adicionaram algumas suposições no meio dos intervalos da simulação que representa o investidor de risco "médio". Em seguida, o mecanismo de Monte Carlo executou rapidamente 10 mil carteiras simuladas e listou os resultados a seguir.

Resultados baseados em tamanho de portfólio (superesquilo)					
Número de empresas	20	50	100	200	500
Mediana	2,81x	3,70x	4,52x	4,45x	4,45x
Percentil 75	2,49x	2,73x	3,46x	3,57x	3,57x
Percentil 25	3,13x	6,34x	5,50x	5,53x	5,49x
Desvio-padrão	0,62x	2,26x	1,56x	1,48x	1,46x

Múltiplos na Simulação Monte Carlo de 10 mil portfólios de venture "superesquilos".

Como você pode ver, os resultados para os dois maiores portfólios, de duzentas e quinhentas startups, são quase idênticos, mas, nos resultados para o portfólio de vinte e cinquenta empresas, os múltiplos são piores. Isso porque, nesse modelo, segundo eles, apenas startups vencedoras com retorno maior do que cinquenta vezes o portfólio ocorreriam 1% das vezes. E, em uma carteira de vinte empresas, 1% é, na maioria das vezes, zero. Entretanto, em um portfólio de mais de duzentas startups, você poderia ver de maneira bastante confiável alguns resultados cinquenta vezes acima do portfólio.

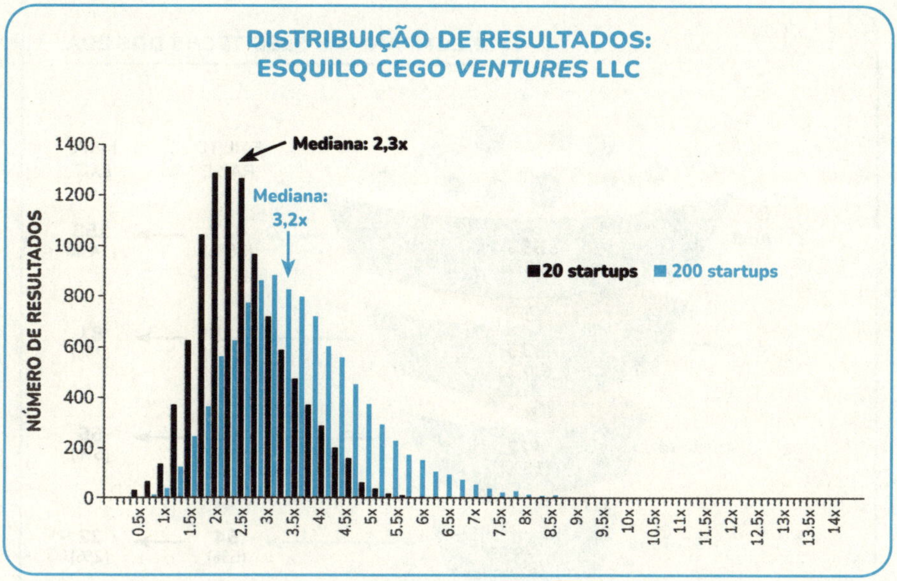

Distribuição do portfólio e múltiplos – Simulação Monte Carlo de 10 mil portfólios de venture "superesquilos".

Aqui está uma distribuição de frequência, mostrando o detalhamento de múltiplos de retorno de 10 mil carteiras simuladas de vinte empresas contra duzentas empresas; é um pouco mais fácil visualizar dessa forma. Esses intervalos e um retorno médio de 4.45x em dez anos não são ruins. Entretanto, devemos esperar que um fundo mais experiente de venture capital atraia as melhores startups.

A Plataforma CBinsights também analisou mais de 1.100 startups que levantaram rodadas *seed* nos Estados Unidos entre 2008 e 2010, chamado de Venture Capital Funnel – uma análise do funil entre as rodadas de investimento na jornada de uma startup. O resultado foi que menos da metade (48%) conseguiu levantar uma segunda rodada de financiamento e 67% das startups acabaram mortas ou se tornaram autossustentáveis (talvez ótimo para a empresa, mas não tão bom para os investidores). As chances de se tornar um unicórnio permaneceram baixas, oscilando em torno de 1% (1,07%), com doze empresas alcançando esse status na época desse estudo.

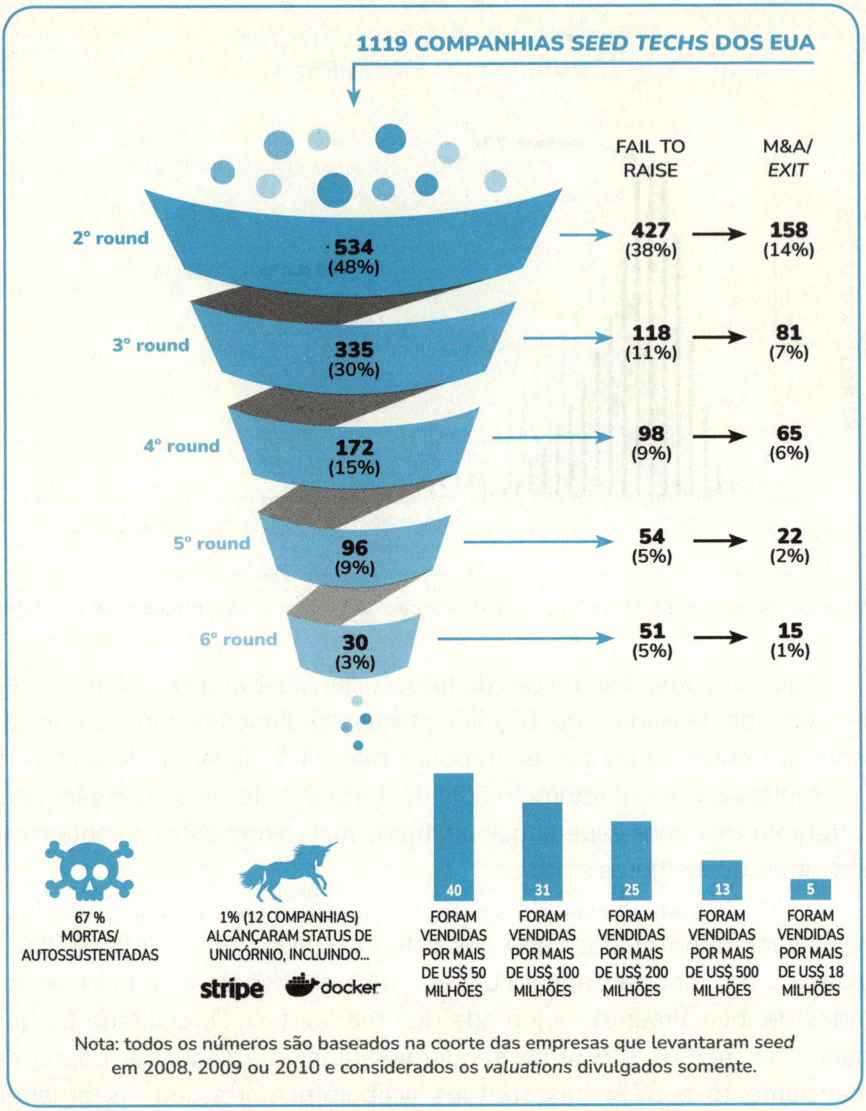

Adaptado de VENTURE Capital Funnel Shows Odds Of Becoming A Unicorn Are About 1%. **CBInsights**. *6 set. 2018. Disponível em: www.cbinsights.com/research/venture-capital-funnel-2/. Acesso em: 30 mar. 2021.*

No blog da ACE Startups[21] foi apresentado um cálculo simplificado que mostra a matemática de um fundo de venture capital em estágio *seed* para atingir retornos condizentes com a sua relação de risco e retorno.

21 LIMA, G. Venture capital e a sua matemática: como funcionam? **ACE Startups**, 23 jun. 2020. Disponível em: https://acestartups.com.br/venture-capital-como-funciona/. Acesso em: 4 mar. 2021.

Premissas do fundo de investimento (*seed*)	
Tamanho do fundo (US$ milhões)	50
Quantidade de investimentos	25
Investimento por startup (US$ milhões)	2
Porcentagem no equity das investidas no momento do *exit*	12%
Período do fundo	10 anos

Premissas de retorno e resultados dos investimentos	Probabilidade	Quantidade de investi-mentos	Valor da empresa no *exit* (US$ milhões)	Retorno para o fundo (US$ milhões)	Múltiplo de retorno sobre o capital investido
Big-win (unicórnio)	<1%	1	1.000	120	60x
Good (centauro)	20%	5	200	120	12x
Meh (retorno no capital investido)	30%	8	17	16	1x
Quantidade de fracassos	44%	11	0	0	0
		Total de retorno (bruto)		256	5.1x
		IRR (ao ano)		17.8%	

** Para simplificar, o cálculo considera alguns fatores importantes, como taxa de administração, chamada de capital ou estratégias de follow on.*

Planilha e cálculo da ACE Startups para investimento seed.

Algumas conclusões da ACE para gestão de portfólio de venture capital que se pode tirar dessa matemática:

- Venture capital é um jogo de grandes ganhos, e apenas "bons" investimentos não são suficientes. Em geral, não importa quanto o número de investimentos falhe, desde que um investimento retorne ao menos cinquenta vezes ou mais. Para aumentar a chance de acerto, a diversificação é a chave;
- Estratégia de *follow on* é importante. Pode alocar mais capital nas empresas vencedoras de seu portfólio, pois pode melhorar os retornos do fundo VC;
- Apenas 10% dos fundos VCs atingem os retornos esperados. Isso está ligado diretamente ao acesso, às oportunidades que o fundo tem (*deal flow*) e como ele escolhe os seus investimentos.

Em um uma última análise, obviamente, fizemos, na Bossa Invest, nosso dever de casa. Analisando cada estudo mencionado, aprofundamos e desenvolvemos nossa própria pesquisa para embasar a decisão de investir em mil startups no estágio pré-*seed* no Brasil.

Tese de investimento									
Investidor	**Ranking exits/ investi-mentos**	**Ranking unicór-nios em estágio inicial**	**Ranking unicór-nios/ investi-mentos**	**Ranking total de fundos levanta-dos**	**Ranking US$/ *exit***	**Ranking US$/ unicórnio**	**Ranking investi-mento médio**	**Pon-tuação ranking**	**Ranking geral**
SV Angel	4º	1º	27º	38º	1º	1º	1º	35	1º
Fideliy	2º	34º	2º	37º	4º	2º	6º	50	2º
Wellington Management	1º	34º	3º	33º	7º	4º	7º	56	3º
Alibaba Group	11º	20º	11º	34º	6º	6º	5º	59	4º
Temasek Holdings	10º	30º	14º	36º	3º	3º	4º	64	5º
CapitalG	8º	34º	4º	35º	9º	5º	9º	69	6º
Founders Fund	28º	11º	22º	32º	5º	7º	3º	76	7º
Y Combinator	35º	2º	38º	31º	2º	8º	2º	87	8º
General Atlantic	3º	25º	12º	22º	13º	13º	23º	89	9º
Kleiner Partners	15º	15º	26º	16º	10º	17º	12º	95	10º

Material exclusivo – Estudo Bossanova.

Analisamos, em 2017, mais de 38 VCs no mundo e fizemos um ranking para medir vários pontos como: *exits* x número de investimentos, *exits* x valor investido, *exits* x unicórnios, ranking de unicórnios, unicórnios x valor investido, ranking *fund raised* etc.

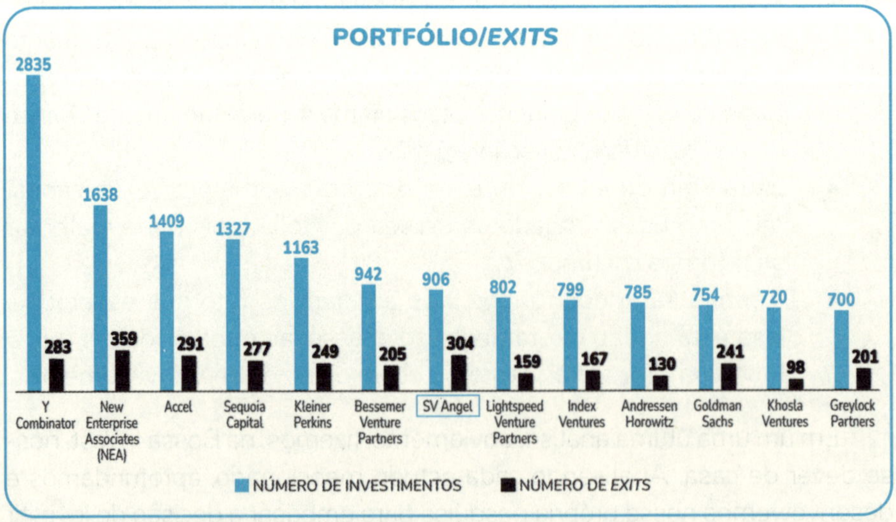

Material exclusivo — Estudo Bossanova.

A SV Angel,[22] na época deste estudo, tinha 153 milhões de dólares sob gestão, com cheques médios de 192 mil dólares para cada startup, com 906 investimentos, 304 *exits* e 18 unicórnios *early stage*,[23] enquanto um dos maiores VCs, a Sequoia Capital, tinha levantado 7,6 bilhões de dólares com cheques médios para cada startup de 5 milhões de dólares, com 1.327 investimentos, 277 *exits* e 14 unicórnios early *stage*.[24]

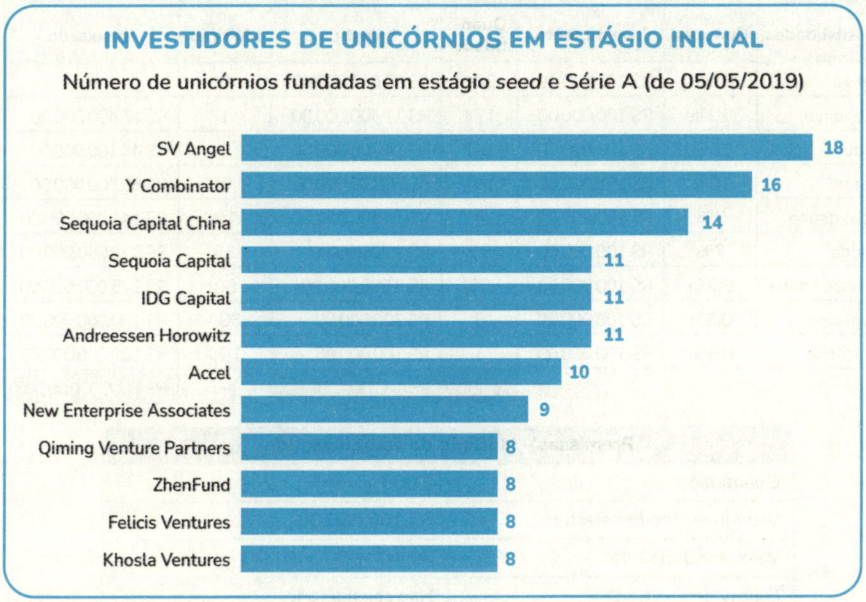

Gráfico da Plataforma CBinsghts sobre VCs x Quantidade de unicórnios early stage.

Com isso, chegamos à conclusão, em nossa análise, de que a SV Angel teve a melhor performance em vários sentidos, principalmente pelo valor investido x retorno de cada investimento. Ou seja, quantidade com melhor qualidade.

Por isso, desenvolvemos nosso racional de investimento com um cheque de 100 mil reais por startups, 100 milhões de reais em mil

22 SV Angel é um fundo de investimento que apoia o desenvolvimento de negócios, financiamento, fusões e aquisições e outros conselhos estratégicos voltados às startups.

23 HERNBROTH, M. As Airbnb and Instacart Gear Up for Rumored IPOs, Here Are the VC Firms that Have Made the Most Early Investments in Billion-dollar Startups. **Business Insider**, 16 maio 2019. Disponível em: www.businessinsider.com/vc-firms-most-unicorns-billion-dollar-startups-2019-5. Acesso em: 4 mar. 2021.

24 VENTURE Capital Funnel Shows Odds of Becoming a Unicorn Are About 1%. **CBInsights**, 6 set. 2018. Disponível em: www.cbinsights.com/research/venture-capital-funnel-2/. Acesso em: 4 mar. 2021.

startups em dez anos, para alcançar o resultado esperado (a seguir). Óbvio que os valores investidos serão maiores e os cheques variam entre 100 mil e 500 mil reais no estágio pré-*seed*, além de não considerarmos *follow on*, porém apresento abaixo um valor de investimento fixo para facilitar o entendimento:

Racional das 1.000 startups						
Possibilidades	**Chances**	**Investimento**	**Quantidade**	**Investido**	**Múltiplo**	**Resultado**
Perda	35%	R$ 100.000,00	306	R$ 30.600.000,00	0	-
Economia	20%	R$ 100.000,00	174	R$ 17.400.000,00	1	R$ 17.400.000,00
Algum ganho	15%	R$ 100.000,00	147	R$ 14.700.000,00	3	R$ 44.100.000,00
Ganho	10%	R$ 100.000,00	101	R$ 10.100.000,00	5	R$ 50.500.000,00
Bom ganho	9%	R$ 100.000,00	141	R$ 14.100.000,00	10	R$ 141.000.000,00
Vitória	7%	R$ 100.000,00	92	R$ 9.200.000,00	35	R$ 322.000.000,00
Grande vitória	3,2%	R$ 100.000,00	35	R$ 3.500.000,00	50	R$ 175.000.000,00
Centauro	0,3%	R$ 100.000,00	3	R$ 300.000,00	500	R$ 150.000.000,00
Unicórnio	0,1%	R$ 100.000,00	1	R$ 100.000,00	100	R$ 100.000.000,00
			1000	R$ 100.000.000,00	–	R$ 1.000.000.000,00

Premissas – Múltiplo do valor investido	
Quantidade	1.000
Valor investido por startup	R$ 100.000,00
Valor investido total	R$ 100.000.000,00
Follow on	Não considerado
Diluições	Não considerado
Tempo para retorno	10 anos
Múltiplo	10x

Racional da Bossanova para as mil startups.

Notem que, nos sete modelos apresentados até agora, o impacto do tamanho do portfólio fica evidente.

Entretanto, para ser justo, em alguns casos, um portfólio altamente concentrado pode gerar também retornos pontuais enormes. Por exemplo, um único investimento na Uber, em sua primeira rodada, gerou um retorno sobre o investimento de aproximadamente 4 mil vezes. Pode ser difícil identificar e ter acesso individual para fazer investimentos nessas startups de melhor desempenho, mas, quando você acerta uma startup e ela se torna muito bem-sucedida, o seu retorno é substancial, como esses a seguir:

Tech				
Seed				
	Múltiplo do Capital Investido (MOIC)	**Data**	**Quantia (em milhões)**	**Rendimento (em milhões)**
Lyft	187,0x	agosto/2010	US$ 1,22	US$ 224
Dropbox	199,0x	setembro/2007	US$ 1,2	US$ 239
Twitter	32.050,0x	março/2006	US$ 0,1	US$ 2,467
Zoom	N/A	N/A	N/A	N/A
Snap	1.123,9x	maio/2012	US$ 0,5	US$ 584
Pinterest	992,9x	meados de 2010	US$ 1,4	US$ 1,378
Uber	3.282,6x	outubro/2010	US$ 1,4	US$ 4, 538
Média	6.305,9x		US$ 1,0	US$ 1,572
Mediana	1.058,4x		US$ 1,2	US$ 981

É claro, também, que os investidores não podem investir em toda e qualquer startup apenas por uma questão de quantidade e diversificação. O risco existe e, para construir um portfólio diversificado de qualidade, os investidores em startups ainda precisam se empenhar para receber e analisar bons negócios, o que é difícil e demorado até mesmo para investidores profissionais em tempo integral.

Por fim, ressalto que a maior parte dos retornos não são realizados e podem cair de valor no longo prazo. E, como o sucesso do passado não é garantia de liquidez no futuro, os investimentos, em startups, em fundos e *pools* focados em estágios iniciais (anjo, pré-*seed* e *seed*) – que significa ainda cheques menores e maior quantidade e qualidade dos investimentos – parecem ter resultados bem mais atraentes.

"Investir em startups é arriscado. Se você fizer apenas um investimento, provavelmente, perderá tudo. Se você fizer dois, ainda provavelmente perderá dinheiro. Se você ganhar cinco, poderá obter todo o seu dinheiro de volta em todos os cinco investimentos. Se você ganhar dez, pode começar a ganhar dinheiro com o conjunto agregado de investimentos", diz Fred Wilson, da Union Square Ventures.[25]

25 Fred Wilson é um investidor em capital de risco desde 1987. Atualmente, ele é sócio-gerente da Union Square Ventures e também fundou a Flatiron Partners. Ver 14 Lessons from Venture Capitalist Fred Wilson. **CBInsight**, [s.d.]. Disponível em: www.cbinsights.com/research/report/venture-capital-lessons-fred-wilson/. Acesso em: 4 mar. 2021.

A PERFORMANCE DO ANJO INVESTIDOR – PLAYBOOK

Quando se trata de informações precisas sobre o desempenho dos investidores-anjo quanto a *write-offs*, *exits*, múltiplos de retorno e performance, infelizmente quase não há dados confiáveis e atualizados no Brasil.

No entanto, existem alguns textos, depoimentos de anjos, que indicam um *playbook*, um "documento", que padroniza os processos em diversas áreas com o passo a passo do que fazer, da categoria nos Estados Unidos. A seguir, relaciono os principais pontos para entendimento desse *playbook*, que são um compilado de informações para se ter como referência ao que geralmente acontece baseados nos textos que li e depoimentos coletados.

Playbook* Investimento-Anjo:[26]

- O período médio de retenção do investimento de um anjo é de 4,5 anos;
- Ganhos maiores (saídas >10x) levam acima de seis anos para se materializar;
- As taxas de falha (saídas <1x) normalmente variam em torno de 60%;
- A taxa interna de retorno (IRR) geral é de aproximadamente 25%;
- Os múltiplos *cash-on-cash* estão em 2,5x, os portfólios maduros têm melhor desempenho;
- Um anjo médio tem 11,4 startups, os veteranos têm 14,2 startups em portfólio;
- O cheque médio de entrada para um anjo é de 100 mil reais, enquanto a exposição média é de 200 mil reais;
- Uma média de 33% de todos os anjos faz investimentos subsequentes em seu portfólio;
- 55% de todos os anjos foram fundadores ou CEOs de startups;
- Anjos empreendedores assinam cheques maiores e têm um melhor desempenho;
- A grande maioria faz investimento em grupos, *pools* e fundos;
- Um fundo de startups precisa retornar 3x (taxa de retorno de risco) para ser considerado um bom investimento. Para isso, terá um IRR mínimo de 12% ao ano.

26 KEPLER, J. A performance do anjo investidor – playbook. **Startupi**, 26 out. 2020. Disponível em: startupi.com.br/2020/10/a-performance-do-anjo-investidor-playbook/. Acesso em: 4 mar. 2021.

Cada modalidade requer um investimento e dedicação diferentes. Cabe a você, investidor, entender onde se encaixa.

Entretanto, além disso, para ter uma informação mais precisa, resolvi compartilhar meus próprios números pessoais, que são resultados das minhas decisões de investimentos realizados entre 2012 e 2017, um corte com apenas algumas startups em que investi durante cinco anos no Brasil.

Foram 25 startups mapeadas (uma linha de corte no meu portfólio como investidor-anjo), em uma fotografia mais exata para conseguir analisar meus resultados desse período específico e encontrar a minha performance na decisão de investimento nessas startups.

Ano	Número de startups investidas
2012	2
2013	1
2014	3
2015	2
2016	14
2017	3
Total	25

Veja os resultados a seguir:

- Oito startups fizeram *write-off* ou modo zumbi (32%).

Startups *write-off*	
Tempo médio de investimento até *write-off*	4
Valuation médio de entrada	R$ 2.507.142,86
Valuation médio até *write-off*	R$ 5.578.571,43
Múltiplo médio até *write-off*	2,23

- A operação de quinze startups segue crescendo (60%).

Startups em operação	
Tempo médio de investimento até 2020	5
Valuation médio de entrada	R$ 4.478.687,50
Valuation médio até 2020	R$ 31.555.357,14
Múltiplo médio até 2020	15,43

- Duas startups tiveram *exit* (8%).

Startups *exit*	
Tempo médio de investimento até *exit*	5
Valuation médio de entrada	R$ 2.066.666,67
Valuation médio até *exit*	R$ 38.500.000,00
Múltiplo médio até *exit*	46,82

- *Case* de *exit*: Agenda Edu.[27]

Valuation inicial	R$ 617.647,06
Valuation atual	R$ 42.000.000,00
Tempo em anos	6
Data de entrada	2014
Múltiplo da saída	68

Em relação aos meus próprios resultados e desempenho, a operação de 60% das startups em que investi, nesse recorte, segue crescendo; 32% fizeram *write-off* ou estão em modo zumbi; e 8% tiveram *exit*, sendo que o *valuation* médio de entrada nas 25 startups é de R$ 4,2 milhões. Esse é o meu *playbook*!

Se for considerar somente os *write-offs* até agora, 32% das startups em que investi deram prejuízos ou não lograram êxito, ou seja, bem abaixo dos 60% estimados no *playbook* americano do investimento-anjo.

Por que é interessante mostrar esses números? Invisto em startups no Brasil há doze anos e, como mencionei, não existe esse tipo de parâmetro de investidores-anjo publicado por aqui.

Os resultados são realmente consideráveis, afinal, o múltiplo desse portfólio é de 15,43x (sem contar *exits* e *write-offs*).

Esse portfólio, hoje, faz parte da Bossa Invest e foi incorporado ao nosso projeto de investir em mil startups no estágio pré-*seed*. Na Bossa Invest, foram realizados, até a publicação deste livro, 1.700 investimentos em startups, com 8% de *write-offs* e 127 *exits* no total.

27 Agenda Edu é a solução de comunicação ideal para melhorar a relação entre família e escola, ajudando na gestão escolar e facilitando a rotina escolar. Disponível em: agendaedu.com/. Acesso em: 4 mar. 2021.

O PROBLEMA E O EFEITO DO FALSO POSITIVO E DO FALSO NEGATIVO NO INVESTIMENTO EM STARTUPS

Como investidor, você certamente enfrentará esses dois problemas principais:

1. **FALSO POSITIVO** acontece quando a startup parece ótima no começo, o investidor escolhe e investe corretamente, mas, mesmo assim, a startup fecha as portas depois e ele perde aquele investimento.
   Apesar de ser, no final, um fato negativo, a sensação é de aprendizado e de que a perda pode ser resolvida matematicamente.
   Explico a compensação: a maioria dos investidores profissionais investem em um portfólio de no mínimo dez startups. Se pelo menos três forem boas e tiverem *exits*, pode remunerar todo o portfólio independentemente se perdeu algum investimento no falso positivo pelo caminho.
2. **FALSO NEGATIVO** acontece quando a startup não parece tão boa no começo, o investidor subestima e decide não investir nela. No entanto, na sequência, a startup decola e ele perde por ter ficado de fora daquele investimento.
   Apesar de no começo ter sido um alívio, a sensação é de arrependimento mais difícil de absorver e gerenciar depois.
   Não há maneira matemática de evitar perder grandes negócios. Aqui requer aprendizado para ter "olhos de lince", conhecimento e visão de longo prazo no sentido de evitar perder as oportunidades.

Note que, para ambos os problemas, a impressão e decisão do investidor no começo foi a chave para os falsos resultados.

COMO ACOMPANHAR A STARTUP EM QUE VOCÊ INVESTIU (GESTÃO DO PORTFÓLIO)

Além dos benefícios já explicados no tópico anterior sobre o porquê de investir por meio de um fundo ou sindicato, vou acrescentar mais um: o acompanhamento pós-investimento. No geral, os fundos oferecem às startups do portfólio uma série de serviços, sendo que, talvez, um dos principais seja um *dashboard* para investidores acompanharem em tempo real a evolução dos negócios que compõem o portfólio de investimento do qual ele faz parte.

Dashboard é um painel interativo com um conjunto de métricas e indicadores relevantes de um negócio. As informações contidas nele são apresentadas da maneira mais visual possível, facilitando o rápido entendimento delas, e o seu objetivo é possibilitar o acompanhamento dos resultados de uma startup para alcançar maior assertividade nas tomadas de decisão, tanto dos empreendedores quanto dos investidores.

O acompanhamento no pós é fundamental para o sucesso de qualquer startup – você se lembra do smart money? O levantamento de todas as informações financeiras de qualquer empresa é imprescindível para o bom andamento dos negócios. E, devido ao alto risco, as startups estão entre as empresas que mais devem se aliar a indicadores financeiros. Importantes decisões estratégicas podem ser definidas quando o crescimento do negócio é conhecido. Nesse sentido, há algumas métricas financeiras a que os investidores devem se ater (mesmo recebendo todas as métricas de um fundo ou quando se investe sozinho e precisa desenvolver metodologias para ter acesso aos números):

- **Margem de lucro que o negócio tem obtido:** a métrica que norteia a margem de lucro não é padronizada para todos os setores (industrial, comercial ou de prestação de serviços). Ou seja, cada um aplica a própria margem. Normalmente, o varejo aplica uma margem em torno de 4% sobre o valor total das vendas e a prestação de serviços fica em torno de 20%;

- ***Burn rate*:** a famosa "taxa de queima" indica a velocidade na qual o caixa diminui em função dos gastos do negócio. Em outras palavras, mede o quanto de recursos financeiros é gasto e o quanto de receita entra em caixa por mês. Se os gastos forem maiores do que os ganhos, é preciso rever as estratégias de negócio para sair do vermelho;

- ***Months of cash left*:** em português, "meses de dinheiro restantes" é o braço acessório do *burn rate*. A principal vantagem dessa integração de informações é a possibilidade de saber quantos meses restam para a empresa continuar funcionando com o dinheiro que tem em caixa;

- **CAC:** atrair clientes não é fácil, e muitos custos estão envolvidos em ações de marketing. Talvez uma das métricas mais importantes para um negócio seja saber o quanto realmente se gasta com publicidade para conquistar um cliente. Além disso, não se esqueça de que esse indicativo está diretamente relacionado à margem de lucro, e isso mostra que, se você diminuir os custos de aquisição por cliente, aumenta seus ganhos por venda;

- ***Total Cost of Ownership* (TCO):** o custo total de propriedade é uma importante métrica de avaliação dos custos diretos e indiretos. Os valores mensurados por ele possibilitam que o empreendedor saiba o real valor necessário para o investimento e qual será o destino de aplicação, além do quanto ele poderá aumentar a produtividade da startup;

- **Planejamento estratégico:** em todas as fases de um negócio, é importante analisar os gastos com compras e investimentos, os custos de manutenção do negócio, de treinamentos de equipe etc., ou seja, todo e qualquer gasto. Esse indicador é muito importante no processo de planejamento e diz muito sobre o que esperar no futuro a médio e a longo prazo, se bem realizado.

COMO CONTABILIZAR SEUS INVESTIMENTOS: *EXITS* E LIQUIDEZ FINANCEIRA

Com certeza, em algum momento, você já ouviu falar sobre os altos números e retornos que envolvem a venda, saída ou negociação de uma startup. Entretanto, quanto tempo um investidor vai esperar para obter, em média, cinco vezes o valor que investiu? Ganhar dinheiro investindo em startup nos dias de hoje é sem dúvida um desafio maior do que era há dez anos. O principal "culpado" por essa realidade foi o aumento considerável no tempo que leva para uma startup ser adquirida ou vendida.

Desde o fim do boom da internet 1.0, em 2001, o tempo médio de retorno do investimento no capital de risco mais do que duplicou, de 3,3 anos para 6,8 anos, com um retorno médio de cinco vezes o dinheiro dos investidores – ou seja, gerava-se no passado uma TIR (Taxa Interna de Retorno) ou IRR (*Internal Rate of Return*) de 62,9%. Esses dados são da National Venture Capital Association.

E o que tudo isso significa? O que principalmente um investidor tradicional precisa mesmo considerar e saber? Que hoje o tempo médio para sair (*exit*) é de 6,8 anos e que o seu retorno será em média 5x; assim, o investidor receberá uma TIR de 26,7%. Ou seja, trata-se de um percentual atraente e superior aos obtidos em outras formas de investimentos disponíveis no mercado. Mais ainda, algumas empresas têm conseguido alcançar melhores taxas no mercado de capital de risco no Brasil. Na Bossa Invest, por exemplo, a IRR anual calculada na média de sessenta startups é de 43,7%.

Entretanto, como calcular, então, o TIR? A técnica, por assim dizer, é fundamentada em análises que remetem mais ao futuro do que ao presente. A TIR é calculada com base no fluxo de caixa do projeto e para efeitos práticos. Isso significa que quanto maior a TIR, melhor e mais lucrativo será o projeto ou novo negócio. Para facilitar, pense na TIR como a taxa de juros que uma aplicação financeira precisaria render para ser tão lucrativa quanto o projeto ou novo negócio.

Uma taxa de juros implica numa série de pagamentos (saídas) e recebimentos (entradas), que têm a função de descontar um valor futuro ou aplicar o fator de juros sobre um valor presente, conforme o caso, para trazer ou levar cada valor do fluxo de caixa para uma data focal (data base de comparação de valores correntes de diversas datas).

É importante compreender ainda que, durante o projeto, o fluxo de caixa é negativo. Isto é, há somente saída de recursos financeiros. Ao fim do projeto, quando o produto ou serviço está pronto e é comercializado, em tese, o fluxo de caixa é positivo. Há entrada de dinheiro. Resumindo: para não deixar nenhuma dúvida, durante o ciclo de vida do projeto, há despesa/investimento e, durante o ciclo de vida do produto/serviço, há receita ou recuperação do investimento feito no projeto.

Os investidores qualificados esperam que seus rendimentos sejam superiores a 30%. Portanto, os investimentos em startups que se preocupam com isso conseguem taxas melhores e consequentemente são mais atraentes, apesar do alongamento do tempo e *valuations* mais elevados.

Por isso, o investimento em startups tem se tornado cada vez mais procurado por investidores considerados tradicionais/conservadores do mercado: eles já compreenderam que, assim como em qualquer outro investimento, existem riscos, mas o retorno financeiro é maior, bem como a forma de atuação nesse mercado crescente é ainda mais satisfatória e contundente.

Para se ter uma startup de sucesso, é preciso mais do que uma boa ideia na cabeça e dinheiro para investir. Conhecimentos básicos em empreendedorismo e administração são o que fazem a empresa decolar. E os indicadores financeiros, como o retorno sobre investimento, são boas ferramentas para ajudar nessa missão.

Antes de qualquer coisa, vamos entender o que é o retorno sobre investimento, também chamado de ROI. Ele é um cálculo que descobre a taxa de lucratividade dos investimentos em um projeto. Ou seja, é uma forma de saber quanto dinheiro a empresa ganha ou perde para cada real aplicado.

Por isso, a longo prazo, é uma excelente ferramenta para ajudar na tomada de decisões e saber onde alocar os recursos da startup para conseguir melhores resultados. Com base no ROI, você pode não só impulsionar investimentos que trazem mais retorno como também modificar aqueles que estão ficando abaixo do esperado.

Como calcular o ROI: um dos principais benefícios de usar o retorno sobre investimento como indicador financeiro é que não é difícil fazer esse cálculo. Basicamente, você precisa saber dois números: o valor do investimento e o lucro obtido. Então, faça a seguinte conta:

$$\frac{\text{ROI} = (\text{lucro do investimento} - \text{investimento})}{\text{investimento}}$$

Não se deixe assustar pela estrutura, a conta é mais fácil do que parece. Veja um exemplo para entender como funciona na prática: se a sua empresa investiu 1 mil reais em uma estratégia de divulgação e obteve um lucro de 5 mil reais como resultado, a conta fica da seguinte forma:

$$\text{ROI} = (5.000 - 1.000) / 1.000$$
$$\text{ROI} = 4$$

Ou seja, a startup lucrou quatro vezes mais do que o investido. Se quiser saber o ROI em porcentagem, basta multiplicar esse resultado por cem. Ou seja, 400% de retorno no investimento. Prático, não?

Porém, não se esqueça de utilizar o lucro (ou prejuízo, dependendo da situação) líquido do investimento para fazer a conta, pois os valores podem ficar muito alterados se o número usado for relativo ao faturamento completo. O número pode até ficar mais atraente, mas não vai mostrar o indicador que você precisa.

Cada indicador financeiro oferece um tipo de informação para a sua empresa, que ajuda a enxergar pontos específicos do negócio. Ou seja, as vantagens de utilizar o ROI são diferentes de saber o *payback* (ou "retorno", em português, o cálculo que representa o tempo que levará para seu investimento se pagar), por exemplo. Por isso, conheça alguns pontos positivos e específicos sobre o uso do ROI:

- Criar metas atingíveis;
- Identificar quais são as ações mais lucrativas da empresa;
- Checar a eficiência dos canais de comunicação com os clientes;
- Descobrir o prazo de retorno de um investimento específico;
- Saber se uma estratégia de marketing é eficiente para o seu negócio.

Em uma startup, é comum que os sócios tenham bastante tempo para realizar seus projetos. É também comum que eles se esqueçam de contabilizar o preço dessa mão de obra e descontem do faturamento antes de chegar ao lucro final para calcular o ROI. Esse processo não está necessariamente errado, mas pode resultar em um número que não corresponde à realidade do projeto, maquiando os ganhos do empreendimento. Criar um número que não corresponde à realidade conquistada não melhora seus resultados – só causa ilusão. Outra observação que merece ser feita é: de quanto em quanto tempo o empresário deve calcular o retorno dos investimentos? Não existe uma só resposta correta. O importante é que esse espaço de tempo seja capaz de ajudar a empresa na compreensão dos seus negócios de maneira completa.

Todavia, um espaço de tempo muito curto, como um mês, pode fazer com que os resultados dos investimentos ainda não sejam visíveis. Da mesma forma, um intervalo muito longo pode atrapalhar as correções de rota e fazer com que a empresa perca dinheiro. Ou seja, a decisão do tempo a ser considerado deve ser tomada com parcimônia. Além disso, esse número também pode ser afetado pela sazonalidade, a exemplo de épocas de alta nos negócios como o fim do ano e promoções realizadas. O melhor, em todos os casos, é manter uma análise constante dos resultados, para poder agir com rapidez em períodos de queda.

É claro que só o ROI não é suficiente para acompanhar a realidade completa do seu negócio/investimento, mas ele faz parte dos parâmetros

Para se ter uma startup de sucesso, é preciso mais do que uma boa ideia na cabeça e dinheiro para investir. Conhecimentos básicos em empreendedorismo e administração são o que fazem a empresa decolar.

que são utilizados em empresas de sucesso para acompanhar os investimentos, porque mostram números confiáveis para medir o crescimento do empreendimento.

Se uma startup utiliza as chamadas métricas de vaidade, como curtidas nas redes sociais ou visualizações de página, pode achar que está ganhando espaço no mercado. O problema é que elas não mostram as conversões, ou seja, quantos clientes ela está de fato conquistando, e isso é o que realmente importa. Esse é um bom exemplo para demonstrar que é preciso utilizar os indicadores certos para seu negócio, que conseguem demonstrar o crescimento e o fortalecimento da startup e manter a empresa forte e segura.

Em suma, são três os principais indicadores sobre o investimento: IRR, Moic, ROI. O Múltiplo de Capital Investido (Moic) é uma métrica usada em venture capital para calcular o retorno rápido sobre o investimento de um investidor. Outra maneira de pensar sobre isso é a que mostra o valor total de uma carteira. Ao quantificar esse retorno, a métrica se concentra em quanto, em vez de quando.

$$\text{Moic} = \frac{\text{Valor atual investimento realizado} + \text{Valor atual investimento não realizado}}{\text{Total investido}}$$

Por exemplo, usando a equação, se eu investisse 100 mil reais e não tivesse realizado nada, meu valor total atualizado seria de 500 mil reais, e o Moic seria de 5x. Você notará que o tempo não foi considerado nesse cálculo. Duas negociações com um Moic de 5x têm o mesmo retorno, independentemente de quando o alcançam.

$$\text{Moic} = \frac{\text{R\$ 0,00} + \text{R\$ 500 mil}}{\text{R\$ 100}} = 5x$$

DIFERENÇA ENTRE MOIC E IRR

Se você investir 10 mil reais e receber 100 mil reais em dez anos, seu Moic é de 10x.

Se você investir 10 mil reais e receber 100 mil reais em três anos, seu Moic ainda será de 10x.

Já o IRR mede seu retorno financeiro em relação ao tempo. Se alguém investe 10 mil reais com um *lock up* de dez anos, também está investindo o custo de oportunidade de tudo o que poderia ter feito com aquele dinheiro durante aqueles dez anos. (Se, colocando dinheiro no mercado de ações, o rendimento seria de 10% ano após ano e você está oferecendo apenas 8% de retorno ano após ano, não vale a pena fazer o investimento.)

Para finalizar, conhecer o ROI é ótimo, mas, se o investidor não souber o que fazer com essa informação, ela vai se transformar em um número vazio. E, com toda a certeza, se você chegou até aqui, já sabe tudo o que tem que fazer, antes, durante e depois de concretizado o negócio. Então, só tenho uma coisa a dizer: bons negócios!

ESTRATÉGIA DE *FUNDRASING*

A atividade de captação de investimentos deve ser um trabalho contínuo e permanente para o fundador da startup, até mesmo quando a empresa não precisa de dinheiro no caixa, mas precisa continuar exponenciando. Por que isso importa para o investidor? Simples: porque quanto mais rodadas de investimentos, maior pode ser o *valuation* e o múltiplo do valor investido.

Uma rodada de investimentos pode ser entendida como um processo de fundraising realizado pelas startups com a ajuda dos investidores anteriores. Corresponde ao momento em que as empresas buscam recursos para seu crescimento e desenvolvimento. Oriente o empreendedor a ter sempre sempre prontas e atualizadas ferramentas como o pitch, breve apresentação sobre o negócio com o objetivo de vender a ideia, e o *deck* de investimentos, material de apoio que conta com a visão estratégica do negócio e seus diferenciais.

É preciso lembrar o que já mostramos aqui no livro: as rodadas são divididas em séries, de acordo com o estágio do negócio.

DEZ RAZÕES POR QUE INVESTIDORES TRADICIONAIS NÃO ENTENDEM O INVESTIMENTO EM STARTUPS

Muitas vezes, empresários tradicionais me procuram para investir em startups, e é sempre uma dificuldade explicar os mecanismos e modelos que você leu aqui neste livro. Se conhecer alguém que precisa entender essas diferenças, empreste esta obra. Relaciono a seguir os dez principais pontos de dificuldade que enfrento para mudar a mentalidade:

1. **Camadas de comando**
   Os investidores tradicionais geralmente investem em organizações hierárquicas que possuem várias camadas de comando e passam por um processo de tomada de decisão mais controlado. Em tais estruturas, inovação, engajamento e colaboração são limitados pelas ineficiências de velhos paradigmas que alimentam o ciclo vicioso do *statu quo*.

2. **Agilidade e controle**
   A agilidade das startups assusta. Geralmente, operam em condições de extrema incerteza, muitas vezes, com modelos de negócios disruptivos e até ainda não regulamentados. Investidores tradicionais acreditam que não existe governança e controle nessas startups.

3. **Previsibilidade de investimento**
   Os investimentos tradicionais têm tudo a ver com a previsão de retornos para uma quantidade pré-determinada e garantida de risco. Portanto, as discussões sobre investimentos partem principalmente da perspectiva do risco sistemático e o retorno esperado de um ativo.

4. **Indicadores financeiros**
   Os investidores tradicionais monitoram seus investimentos por meio de análises detalhadas das demonstrações financeiras. Têm acesso a relatórios financeiros detalhados, inclusive contábeis, com balanços auditados e publicados das empresas. A análise e previsão financeiras levam em consideração comportamento do fluxo de caixa, métricas de resultados financeiros, entre outras questões financeiras completas.

5. **KPIs**
   Os investidores tradicionais têm experiência em finanças e dedicam a maior parte de seu tempo a pesquisas profundas de baixo para cima. Muitas vezes, as startups não têm um processo claro de monetização. Portanto, os principais indicadores são outros: CAC, LTV, *churn* etc. Também têm um histórico empreendedor e oferecem uma abordagem prática de criação

de valor, engajando-se de maneira proativa nos assuntos operacionais de uma startup.

6. **Mudanças**
   Os investidores tradicionais ficam arrepiados sempre que ouvem que uma empresa está considerando alterar o uso dos recursos. A mentalidade "falhe rápido, falhe frequentemente e corrija mais rápido ainda", de um dia para o outro, é difícil de ser compreendida por investidores tradicionais.

7. **Ciclo de investimento curto**
   Os investidores tradicionais esperam financiar vários anos de crescimento de uma empresa. As startups têm ciclos de crescimento mais curtos (cerca de doze a dezoito meses) que precisam de rodadas subsequentes de investimentos. As empresas estabelecidas planejam períodos de crescimento sustentado, geralmente, com fluxo de caixa positivo. Em outras palavras, há uma tangibilidade do que o patrimônio está comprando.

8. **Construtivismo**
   Os investidores tradicionais ocupam assentos no conselho para determinar a direção do negócio. Nas startups, só ocupam assentos no conselho se forem colaborar para o sucesso do negócio.

9. **Time de fundadores**
   Os investidores tradicionais estão acostumados a liderar decisões estratégicas nas empresas. Eles em geral investem em oportunidades de negócios nas quais acreditam, independentemente das capacidades da gestão. Muitas vezes, os gestores são substituídos pelos recomendados pelos investidores e, se a gestão não cumpre, eles encontram um substituto.

10. **Coopetição**
    Os investidores tradicionais muitas vezes competem por negócios e, às vezes, disputam poder dentro do conselho. Os investidores tradicionais contam com sua capacidade de encontrar oportunidades que os diferenciam de outras empresas. Coopetição é a colaboração entre concorrentes na esperança de

resultados mutuamente benéficos. Os investidores de startups acreditam na cooperação com concorrentes para promover o sucesso de uma startup.

GOVERNANÇA EM UM ECOSSISTEMA VELOZ

Para começar a entender a aplicabilidade da governança nas startups, é preciso considerar que uma startup é uma organização jovem, em fase de estruturação, buscando validar seu produto e seu modelo de negócio. Há, portanto, um ambiente de extrema incerteza, no qual os empreendedores estão focados em provar a viabilidade da ideia e o início da receita e da monetização. Mesmo que exista um bom nível de aplicabilidade, isso não é garantia de uma boa governança.

Independentemente do estágio, estamos defendendo a atenção à governança desde o princípio para que se instale uma mentalidade da velocidade, sim, mas com algum controle. Isso trará mais segurança aos *stakeholders* da startup.

O modelo proposto no livro *Governança & nova economia*, de Anderson Goodz, delineou os estágios de financiamento das boas práticas: parte-se da premissa de que investidores-anjo e venture capital são elementos habituais desse mercado e, por esse motivo, o modelo é pautado pela régua dos estágios de financiamento de startups (*bootstrapping*, investimento-anjo e *seed*, séries A, B, C em diante).

O entendimento é de que as práticas de governança mudam quando se altera o *cap table* e a mesa do conselho – se está sendo feito um *bootstrapping*, é necessário certo nível básico de práticas, como transparência e *report*. Agora, se uma startup começa a receber um investimento-anjo ou entra para uma aceleradora, provavelmente o nível de *accountability*, “prestação de contas”, precisa mudar – mesmo que de modo singelo e sem “pesar”. Daqui nasceu o lema *speed & some control* (velocidade com algum controle) que comentei antes.

Dessa forma, foi estabelecida uma visão sequencial, como demonstrado no gráfico a seguir, para cada estágio do crescimento rápido, evitando superficialidades ou fragilização dos controles, mas ousando apontar temas polêmicos como o “carisma de líderes messiânicos que irradiam tanto propósito quanto *compliance*”.

VISÃO SEQUENCIAL

Governança e nova economia

Adaptado de GODZIKOWSKI, A. **Governança & nova economia**. São Paulo: Lura Editorial, 2018.

APLICAÇÃO PRÁTICA E RECOMENDAÇÕES

Como mostrado, a visão sequencial e balanceada apontou uma trilha para que as startups apliquem os fundamentos de governança. Contudo, é possível torná-la ainda mais simples e amigável melhorando a comunicação e podendo gerar senso de pertencimento e engajamento do time em relação às práticas.

Essa simplificação se dá pelo *roadmap* de governança para a nova economia,[28] conforme figura a seguir. Ele agrupa os estágios de financiamento por similaridade em quatro etapas: *bootstrapping* e aceleração, anjo e *seed*, série A, B, C, D em diante. Nelas, estão distribuídas os quinze grandes fundamentos, inspirados pelo Growth Governance (cinco) e IBGC (dez). Complementam a visão "*one page*", os tipos de governança e a percepção do time em relação a ela.

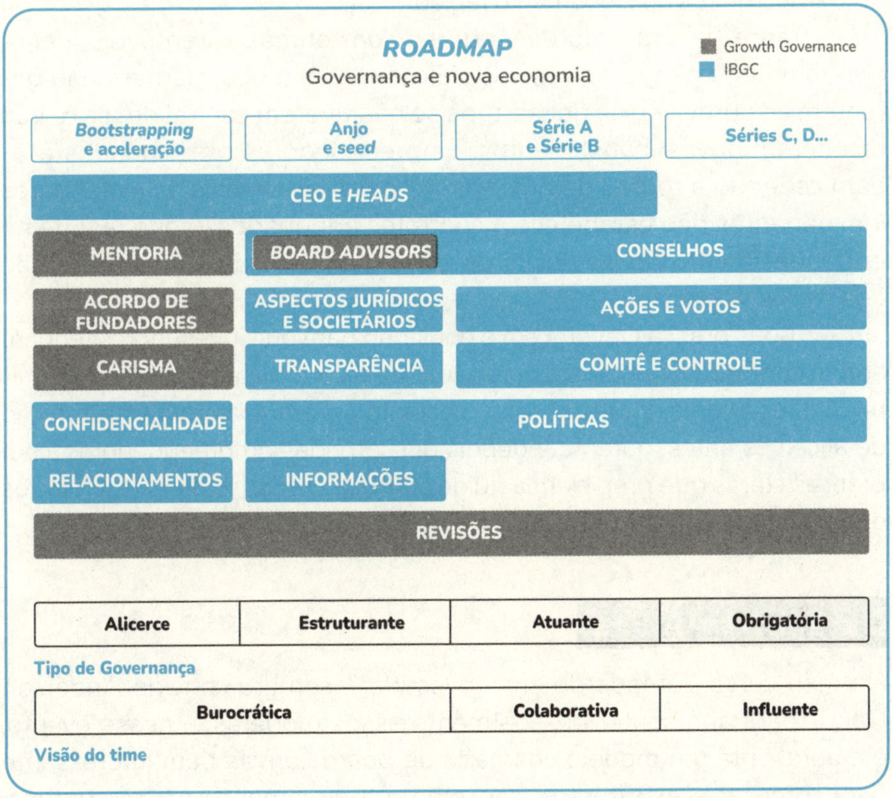

28 GODZIKOWSKI, A. **Governança & nova economia**. São Paulo: Lura Editorial, 2018. p. 194.

Uma boa prática para ampliar o engajamento é aplicar essa visão em um objeto físico, se possível relacionado ao negócio da empresa, e distribuí-lo a todos os colaboradores (nesse caso, sem as linhas de tipo de governança e visão do time).

Por meio de uma governança balanceada, é possível economizar tempo dos empreendedores e lidar com questões como as que envolvam sócios, sistemas de controle e fiscalização e membros da administração, sem que o foco seja retirado do mais importante: desenvolver o novo negócio e fazê-lo crescer rapidamente.

O tempo em que as práticas de governança corporativa faziam parte apenas da realidade de empresas maiores ou tradicionais ficou para trás. Para melhores negócios na nova economia, a adoção de mecanismos de governança se faz cada vez mais necessária ao longo dos estágios de desenvolvimento de negócios inovadores, comumente financiados por capital de risco e detentores de crescimento rápido.

Sempre haverá empreendedores com ótimas e rentáveis ideias, porém muitos não terão recursos. Boas ideias e boa margem não garantem a sobrevivência de startups se não tiverem capital de giro e não receberem novos investimentos. Empreendedores pressionados acabam cedendo a regras de governança pesadas demais, e investidores inexperientes não estabelecem controles adequados, o que resulta no enfraquecimento do potencial de seus ganhos e de sua contribuição aos novos negócios.

As boas práticas favorecem o equilíbrio para que investidores tenham algum controle da empresa, mas não todo o controle a ponto de determinar a direção dela. É preciso aliar o espírito agressivo com a estruturação de alicerces antes, durante e depois das jornadas empreendedoras, com práticas claras que propiciem a fluidez entre as rodadas de investimentos e, assim, favoreçam o próprio crescimento.

BOARD CANVAS

No meu curso "Jornada do anjo investidor", sempre convido Anderson Goodz para apresentar pessoalmente esses modelos e, nesse evento, ele apresenta um modelo chamado de *board canvas* bem interessante para começar a estruturar o conselho e a governança novas startups. Veja a seguir.

BOARD CANVAS

PRINCÍPIOS
O que acontece e o que não acontece

Valores pessoais e prioridades
Defina a prioridade (em uma escala de 1 a 10) entre negócio, sócios, família, crença/espiritualidade, saúde/bem-estar, hobbies, amigos, estudos, outros negócios e também outras atividades/voluntariados

Relações anteriores e familiares
Defina "sim" ou "não" para a participação no negócio dos três tipos de relações anteriores possíveis de cada sócio: familiares, pessoais ou profissionais

Ética e condutas
Defina "sim" ou "não" para as condutas relacionadas a premiações ao time; presentes e/ou gratificações a clientes ou parceiros; pagamento de happy hours a sócios, clientes, parceiros e time

EXPECTATIVAS
O que queremos e o que não queremos

Velocidade e objetivos
Alinhe sucesso, benefícios, prazos, velocidade de crescimento e expectativa de venda a médio prazo.

- O que é o sucesso desse negócio?
- Quais são os benefícios pessoais almejados por meio desse negócio? (Renda? Realização de propósitos ou impactos?)
- Qual a velocidade de crescimento que se espera e em qual prazo?
- Quais são as expectativas sobre uma eventual venda do negócio?

Mudanças ou pivots
Responda "sim" ou "não" para os tipos de mudança possíveis: produto, mercado, tecnologia e propósito

Riscos
Responda "sim" ou "não" para os riscos de reputação, jurídicos, regulatórios, retorno de investimento e custo de oportunidade

ENTREGAS
O que entregamos e o que não entregamos

Aportes e retiradas
Qual é o fôlego financeiro para o negócio? Como tratar aportes, pró-labores e dividendos

Skills e horas/semana
Habilidades complementares e tempo de dedicação

Responsabilidades
Por decisões, entrega, vendas, eventos e tratativa com investidores

CONTROLES
Como nos organizamos sobre

Societário e jurídico
Participações, família, vesting equity, stock pool, perfil, reforços-chave, casos de falta e modelos jurídico e de partnership

Contratos e funding
Tipos de contrato com clientes e fornecedores, opções de financiamento e benefícios fiscais

Cadências de gestão e governança
Periodicidades, participantes, convidados, dinâmicas e pautas

Propriedade intelectual
Como a propriedade intelectual será tratada? Regras de *black out* e *non-compete*

Adaptado de GODZIKOWSKI, A. **Governança & nova economia**. São Paulo: Lura Editorial, 2018.

Ainda estamos no começo dessa história. Assim, unir governança e a nova economia pode ser o nosso maior ativo neste novo e dinâmico jogo: a credibilidade. Independentemente se os negócios têm sucesso ou não. Afinal, faremos muito mais deles.

Boas ideias e boa margem não garantem a sobrevivência de startups se não tiverem capital de giro e não receberem novos investimentos.

conclusão

Como mencionei no início, esta obra foi idealizada para se tornar uma ferramenta muito importante para quem deseja investir em startups e desenvolver negócios na nova economia. Se você, leitor, agora for capaz de responder às dezesseis perguntas que constam na contracapa, meu objetivo foi cumprido. É claro que, por se tratar de um assunto tão profundo, provavelmente, ao longo da leitura, outras dúvidas, questionamentos e reflexões provavelmente foram feitos por você. Isso é extremamente rico, considerando um processo de aprendizado e descobertas contínuas, inclusive pra mim.

O importante aqui, pós-leitura, é entender que o que fica é o legado de quem se esforça para fazer a diferença no ecossistema. Torço para, a partir de agora, você ter uma mentalidade de longo prazo e se sentir confiante e preparado o suficiente para dar novos passos e fazer novas escolhas com base no que absorveu. Mas que, principalmente, valorize o equity, a escala e o empreendedor de startups.

Sabemos que cada pessoa possui suas características, sonhos, metas, desejos e objetivos. E também que cada um de nós tem uma maneira diferente de se sentir motivado. Mas uma coisa é certa: há uma parte do cérebro dedicada à recompensa e motivação. Quando esse sistema é ativado, automaticamente, o organismo da pessoa em questão liberará elementos químicos que farão com que ela se torne mais comprometida, proativa e focada em seus objetivos.

O verdadeiro legado que fica é aquele capaz de ensinar e inspirar outras pessoas a continuarem – preparando-as, de alguma forma, para multiplicar e compartilhar o que aprenderam, deixando o mundo melhor.

Não é mais nenhum exagero afirmar que as startups serão o motor da retomada do crescimento econômico, como os próprios números já indicam. E, quando digo isso, não se trata simplesmente de excesso de otimismo, mas da consolidação de um novo contexto de mercado. Tenho conversado nos grupos de fundos e a sensação, até aqui, é que, embora exista alguma desaceleração, os investimentos não foram interrompidos em nenhum momento durante a pandemia.

Um ponto importante que merece destaque é o aumento do profissionalismo dos empreendedores. As startups brasileiras mais resilientes se prepararam melhor com uma visão de longo prazo. Ou seja, para o olhar do investidor, mais importante do que focar em quem está crescendo é identificar as empresas mais resistentes, aquelas que ganharão um selo de "antifrágil" e que, de maneiras mais robustas, encaram qualquer desafio. Isso porque acredito que empreendedor no Brasil não deve pensar em virar só unicórnio, mas primeiro em ser uma cabra-da-montanha.

Hoje, vendo as startups de sucesso que já passaram por mim, inclusive com vários *exits* acumulados, percebo claramente que serviram de base e referência para chegar até onde cheguei e me ensinaram a ser muito mais humano e assertivo. Agora que você já entende o poder do equity, vem comigo!

posfácio

Quando o João Kepler me entregou a primeira versão de *O poder do equity*, eu senti e vi algo maior do que mais uma obra sobre negócios e investimento. Vi uma chamada de urgência para empreendedores, empresas tradicionais e todos que estão dispostos a liderar no mundo que se desenha. Este livro nos mostra que o equity não é uma opção, mas uma ferramenta, e que se tornou uma condição de sobrevivência e relevância.

Durante a minha caminhada como empreendedor e investidor-anjo, aprendi que o que diferencia quem chega lá de quem fica no mesmo lugar é justamente a capacidade de enxergar o invisível. É reputação, influência, propósito, cultura; aqueles ativos que não aparecem no balanço, mas que decidem o rumo nos momentos críticos. Esse foi o centro de tudo que João explorou, e é onde reside grande parte do poder transformador do equity.

À medida que as mudanças no mercado se aceleram – a tecnologia, os modelos híbridos, as relações trabalho-empresa-mercado cada vez mais fluidas –, fica claro que os modelos antigos de controle absoluto ou de incrementalismo não bastam mais. É preciso jogar outro jogo. Um que exige coragem, mentalidade de longo prazo e disposição para investir no invisível tanto quanto no visível.

Empresários que resistem à ideia de entender e usar seu equity, seja dentro da empresa ou ao buscar parceiros e investidores, deixam de utilizar a mais importante moeda da nova economia. Porque, enquanto se trabalha apenas com ativos tradicionais como faturamento, lucro e caixa, o mundo já mudou; enquanto se testa, outro já entrega; enquanto se contrata, outro já comprou. Tempo, rede e credibilidade são os nutrientes de quem joga bem o jogo do equity.

Este livro aponta direções: como estruturar equity tangível, como cultivar equity intangível e como gerar soft equity. Mostra que investir em equity não é apenas ter participação societária; é, sobretudo, gerar impacto, criar ecossistemas, desenvolver comunidades, multiplicar valor e servir de base para a inovação. É construir algo que ultrapasse gerações.

O que virá a seguir, no Brasil, são empresas que aprendem a conviver com o incerto, que sabem ser parte de redes e não apenas donas de castelos murados; empresas que usam equity como ferramenta de crescimento, abertura de possibilidades e transformação. E isso já está acontecendo: vimos as aquisições estratégicas, os valuations mudando, as empresas que antes resistiam buscando parcerias, talentos e soft equity.

Se você leu este livro até aqui, meu convite é duplo:

1. Reavalie o que você considera valor na sua empresa ou no seu projeto. Pergunte-se: o que tenho que é visível e o que tenho que é invisível? Estou cultivando ambos?

2. Escolha agir. Pode ser comprando uma startup, cedendo equity para um sócio estratégico ou investindo em cultura, reputação, propósito. O importante é não ficar à margem do novo jogo.

Finalmente, deixo meu agradecimento pela inspiração que este livro me deu e continua a me dar; pela clareza que João Kepler (meu pai) me trouxe; e pelo futuro que nos convida a construir. Que cada leitor transforme essas páginas em atitude, porque o equity é poderoso, mas só se torna realidade quando movido à ação.

Com gratidão e determinação,

Theo Braga

Fundador da SME — The New Education

glossário

"Startupês" de A a Z

Importante: este glossário foi elaborado pela ACE (https://acestartups.com.br/glossario-empreendedorismo/), parceira da Bossa Invest, e gentilmente cedido para este livro.

Aceleradora: como diz o nome, uma aceleradora tem o objetivo de acelerar o crescimento de uma startup. Geralmente, ela se torna sócia minoritária da startup e realiza um "investimento semente" ou ajuda de custo.

Aporte: aporte é uma outra denominação para o investimento ou aplicação feito na empresa.

Bootstrapping: é um processo no qual o próprio empreendedor financia o projeto criado por ele, sem a adição de capital externo. A única entrada sem ser a do próprio empreendedor é a dos primeiros clientes.

Burn rate: é um sinônimo de fluxo de caixa negativo. É uma conta que apresenta a velocidade que uma empresa "queima" seus recursos financeiros.

Business model: geralmente utilizado na fase mais básica do planejamento de negócio. Serve para definir o modelo de negócio a ser seguido durante todo o projeto. O *business model* apresenta as técnicas de interação que a startup utilizará para se comunicar com principais parceiros, principais atividades, recursos-chave, valor proposição, relacionamento com clientes, canais de mercado, segmentos de clientes, estrutura de custos e receitas.

Business plan: é basicamente o plano de negócio da empresa em que que será delimitado o modelo de negócio da empresa. Esse documento deve conter também dados da empresa e de seus integrantes, como a descrição do produto/serviço que a empresa oferece, a análise de mercado feita pela empresa, estratégias de vendas, marketing etc. O *business plan* também pode ser usado para apresentar sua empresa para os investidores.

Business angel: os anjos são investidores privados que investem financeiramente em startups. Investidores-anjo investem de 5% a 10% de seu patrimônio em novas empresas. Além de oferecem apoio financeiro, também proporcionam experiência de mercado e conselhos.

Buy back: é quando uma empresa é recomprada pelo fundador.

Cap table: a tabela de capitalização tende a mostrar a participação acionária em uma empresa.

Capital social: é a parcela que os acionistas possuem de uma empresa.

Coinvestimento: é um investimento feito em conjunto, seja entre anjos, VCs, anjos e VCs, empresas e anjos, e por aí vai.

Coworking: é o local compartilhado por profissionais de áreas e negócios distintos. Nesses locais, incentiva-se a troca de ideias e experiências entre os presentes.

Customer development: conjunto de estratégias para uma startup chegar a seu *Product Market Fit*.

Deal breaker: fator ou problema que impede ou acaba com uma negociação em estágio avançado.

Due diligence: é a fase em que as startups e seus projetos são analisados pelas aceleradoras que determinarão se vale a pena o investimento.

Drag along: é uma cláusula que exige que os sócios minoritários vendam suas ações quando o sócio majoritário o faz. O objetivo é fazer com que o comprador adquira a empresa integralmente.

Early-stage financing: é o primeiro financiamento que uma empresa recebe, antes mesmo de possuir clientes ou produto.

***Elevator* pitch:** é o que gera a imagem inicial de uma empresa. É um pitch encurtado, com trinta segundos, que apresenta a empresa para outras pessoas e organizações.

Growth capital: investimento feito quando a empresa já atingiu um estágio mais maduro, já ingressou no mercado e possui uma reputação frente aos consumidores. Esse investimento serve para apoiar o crescimento das empresas que já ingressaram no mercado.

Hurdle rate: é a taxa mínima de retorno que o investidor espera.

Incubadora: são locais com infraestrutura dotada para que novas startups consigam desenvolver suas ideias e projetos. Em geral, essas incubadoras estão filiadas a universidades.

IPO: é quando uma empresa abre seu capital e ingressa na bolsa de valores.

Love Capital: investimento financeiro feito por familiares, amigos etc.

MashUp: é o aperfeiçoamento de um serviço/produto pela junção de dois ou mais produtos.

Mentor: em geral, são (ex-)empreendedores/empresários que têm muita experiência de mercado e tentam passá-la para novos empreendedores e "startupers".

MVP (*Minimum Viable Product*): é basicamente um produto que é lançado no mercado em alfa ou beta. Em vez de serem lançados no estágio final, eles são lançados em estágios mais jovens para a geração de feedback para o aperfeiçoamento do produto final.

NDA (*Non-Disclosure Agreement*): é um acordo de confidencialidade. São contratos que as startups fazem seus credores/parceiros assinarem para o sigilo da negociação/ideia que está sendo desenvolvida.

***Outsourcing*:** é a terceirização de um trabalho. Em geral, os motivos para essa terceirização são: economia de custos, confiar a tarefa a pessoas mais especializadas e permitir uma flexibilidade, já que é *on demand*.

***Open source*:** software de código aberto que pode ser usado por qualquer um na criação de outro software ou programa.

***Private equity*:** é um modelo de investimento parecido com o venture capital, porém, nesse modelo, a quantidade de dinheiro envolvida é muito maior. O investimento é feito em empresas de capital fechado e realizado por fundos.

Pitch: é uma apresentação breve para os investidores para convencê-los de que vale a pena o investimento em sua empresa.

Pivot: é uma mudança no modelo de negócios que visa melhorar o desempenho das startups.

Round: é como uma empresa denomina uma etapa de investimento recebido por ela. O primeiro investimento é o "*Round* A", o segundo é o "*Round* B" e assim por diante.

***Seed capital*/Investimento semente:** é o investimento feito durante os primórdios da criação de uma empresa. Os valores investidos são menores e o risco nesse estágio tende a ser bem maior.

***Shareholder*:** é como se denomina alguém que possua ações da sua empresa.

***Stakeholders*:** qualquer entidade que interfira direta ou indiretamente em uma empresa.

***Spin-off*:** parte de uma empresa que se separa da empresa mãe e ingressa no mercado.

Startup: é uma empresa em fase inicial que visa ao ingresso/crescimento no mercado e está a procura de investidores para que esse crescimento seja possível. Startups, apesar de apresentarem prosperidade, estão sempre em um cenário de risco.

***Term sheet*:** documento que contém termos combinados entre os investidores e os empreendedores, geralmente feito antes do investimento.

Valor de mercado: valor de uma empresa. Esse valor costuma ser atribuído pelos investidores.

Venture capital: é o famoso capital de risco. O venture capital é o nome que se dá para o investimento feito em empresas muito jovens que apresentam alto potencial de crescimento. Os investidores tornam-se sócios das empresas que não precisam mais depender do fluxo de caixa (quando existe) para se sustentar.

bônus

Modelos de documentos

Para ter acesso aos modelos dos principais documentos citados na obra, tais como checklist de *due dilligence*, *term sheet*, modelo de título privado conversível, entre outros, basta acessar o QR Code a seguir. Com esses materiais, você, investidor, estará totalmente familiarizado e preparado para quando for assiná-los ou tiver que analisá-los.

Canais para contato direto com João Kepler

O objetivo desta seção é facilitar e agilizar o seu acesso aos meus canais, diretório de serviços e contatos diretos. Veja a seguir.

REDES SOCIAIS

Grupo Whatsapp Nova Economia

LinkedIn

Instagram

X (Twitter)

TikTok

Telegram

BLOGS

Medium

LinkedinPulse

Ferramenta de Valuation JK

NEGÓCIOS E INVESTIMENTOS

Bossa Invest - Venture Capital

Equity Group - Private Equity

PROGRAMAS

Programa Pivotando no SBT News

Programa Smart Money na BMC&News

IMERSÃO

Jornada Equity na
SME - The New Education

LIVROS

Editora Gente

Se já faz parte de alguma rede ou já tem acesso a esses links e conteúdo, agradeço e fico muito feliz em ter você sempre por perto, me acompanhando. Estou esperando seu contato!

Este livro foi impresso pela Edições Loyola em papel pólen bold 70 g/m²
em novembro de 2025.